P9-CAV-498

NAZISTAS ENTRE NÓS

a trajetória dos oficiais de Hitler depois da guerra

Proibida a reprodução total ou parcial em qualquer mídia
sem a autorização escrita da editora.
Os infratores estão sujeitos às penas da lei.

A Editora não é responsável pelo conteúdo da Obra,
com o qual não necessariamente concorda. O Autor conhece os fatos narrados,
pelos quais é responsável, assim como se responsabiliza pelos juízos emitidos.

Consulte nosso catálogo completo e últimos lançamentos em **www.editoracontexto.com.br**.

"The views or opinions expressed in this book, and the context in wich the images are used,
do not necessarily reflect the views or policy of, nor imply approval or endorsement by,
the United States Holocaust Memorial Museum."

Marcos Guterman

NAZISTAS ENTRE NÓS

a trajetória dos oficiais de Hitler depois da guerra

editoracontexto

Copyright © 2016 do Autor

Todos os direitos desta edição reservados à
Editora Contexto (Editora Pinsky Ltda.)

Capa
Antonio Kehl

Diagramação
Gustavo S. Vilas Boas

Coordenação de textos
Carla Bassanezi Pinsky

Preparação de textos
Lilian Aquino

Revisão
Mariana Carvalho Teixeira

Dados Internacionais de Catalogação na Publicação (CIP)
Andreia de Almeida CRB-8/7889

Guterman, Marcos
Nazistas entre nós : a trajetória dos oficiais de Hitler depois
da guerra / Marcos Guterman. – São Paulo : Contexto, 2016.
192 p.

Bibliografia
ISBN 978-85-7244-973-1

1. Guerra Mundial, 1939-1945 2. Nazismo 3. Holocausto
4. Nuremberg (Alemanha), Processo contra os principais
criminosos de guerra, 1945-1946 I. Título

16-0815   CDD 940.53

Índices para catálogo sistemático:
1. Guerra Mundial, 1939-1945
2. Criminosos de guerra

2016

EDITORA CONTEXTO
Diretor editorial: *Jaime Pinsky*

Rua Dr. José Elias, 520 – Alto da Lapa
05083-030 – São Paulo – SP
PABX: (11) 3832 5838
contexto@editoracontexto.com.br
www.editoracontexto.com.br

SUMÁRIO

Apresentação

O Holocausto – o massacre industrial de milhões de judeus e de integrantes de outras minorias durante a Segunda Guerra Mundial – foi o ponto mais baixo a que a humanidade já chegou em sua história. E foi graças a esse inominável crime que os nazistas ganharam um lugar especial entre os maiores vilões de todos os tempos. Sendo assim, como explicar que muitos desses vilões tenham conseguido, depois da guerra, encontrar um lugar entre nós, isto é, desfrutar da vida em liberdade como se nada tivessem feito, como se fossem parte da mesma sociedade civilizada que eles tanto se esforçaram em destruir?

Este livro procura trazer as muitas respostas para essa inquietante pergunta. Aqui estão as histórias de alguns dos nazistas que, de uma forma ou de outra, escaparam da Justiça durante décadas e foram recebidos, em diversas partes do mundo, como cidadãos honrados e bons vizinhos – em muitos casos eles nem precisaram trocar de nome. E isso só foi possível porque, aos olhos de muita gente, os principais líderes nazistas já haviam sido punidos e a vida tinha de continuar. Afinal, a guerra já era "coisa do passado" – e era no passado que o regime assassino de Adolf Hitler e seus inúmeros cúmplices tinham de ficar.

O que veremos nas próximas páginas é que esse esquecimento deliberado, que permitiu a muitos carrascos nazistas viverem em paz, serviu ao propósito de poupar energias e unir forças para a luta contra os comunistas na Guerra Fria. Afinal, os nazistas, que haviam combatido como poucos o "perigo vermelho", foram não somente tolerados como acabaram servindo, em muitos casos, como agentes de países democráticos para enfrentar a União Soviética.

Nesse contexto, o Holocausto passou a ser descrito quase como uma extravagância, fruto unicamente da mente criminosa de Hitler e de seus sequazes próximos, numa tentativa pouco sutil de isentar todos os demais de responsabilidade. Esse conveniente acordo tácito para aplacar consciências permitiu que muitos nazistas reconstruíssem suas biografias depois da guerra e, já reintegrados à sociedade, ajudassem a circunscrever o Holocausto ao cantinho das curiosidades da Segunda Guerra – como se o genocídio dos judeus não tivesse tido a participação de grande parte dos alemães e a colaboração de quase toda a Europa. Estava aberto o caminho para a impunidade de terríveis criminosos de guerra, vergonha da qual o mundo jamais se recuperou.

Essa é a história que este livro registra – uma história que mostra que as vítimas do Holocausto foram vítimas duas vezes: quando sofreram brutalmente nas mãos dos nazistas e quando, impotentes, viram seus algozes escaparem da Justiça depois da guerra e viverem a vida normal que os sobreviventes do genocídio, depois de destroçados nos guetos e nos campos da morte, não puderam ter.

CRIME SEM CASTIGO

O Julgamento de Nuremberg, que entre 1945 e 1946, depois da Segunda Guerra Mundial, condenou alguns dos mais importantes líderes da Alemanha nazista, deu ao mundo a impressão de que estava sendo realizada a necessária e urgente justiça contra os perpetradores daquele que é considerado o maior crime já cometido contra a humanidade: a Shoah, ou Holocausto, o assassinato sistemático de entre 5 milhões e 6 milhões de judeus europeus, além de milhões de integrantes de outras minorias, em nome de um projeto psicopata de depuração racial.

Ao se investigar um pouco mais sobre o assunto, porém, salta aos olhos que Nuremberg e algumas outras raras iniciativas judiciais para punir esses assassinos foram exceções, ante uma vergonhosa constatação: milhares de nazistas, alguns dos quais com importante função na máquina genocida do Terceiro Reich, puderam fugir e encontrar conforto em vários países – nas Américas e na própria Europa –, conquistando proteção e segurança durante as décadas seguintes, enquanto as vítimas que haviam milagrosamente sobrevivido ao Holocausto continuavam a sofrer, agora para obter abrigo e tentar recomeçar suas destroçadas vidas.

Este livro refaz a trajetória de seis desses notórios carrascos – Klaus Barbie, Josef Mengele, Albert Speer, Franz Stangl, Gustav Wagner e Adolf Eichmann. Todos eles foram o que se poderia chamar de "bons nazistas". Não se trata, evidentemente, de qualificá-los como "bons" no sentido moral do termo. O adjetivo "bom", aqui, deve ser lido como uma triste ironia. Pois o fato é que esses personagens, responsáveis por indescritíveis atrocidades, integraram-se razoavelmente bem às sociedades em que escolheram viver depois da guerra, sem que seu terrível passado lhes tenha sido um obstáculo para o reconhecimento como cidadãos.

Em pelo menos um caso, o de Albert Speer, sua experiência como nazista não apenas foi tolerada, como fez dele uma espécie de testemunha privilegiada daqueles tempos sombrios. Mesmo enquanto cumpria sua pena, Speer foi visto não como o criminoso que era, mas sim como um mero narrador daquilo que viu, como se ele não tivesse tido nenhuma responsabilidade, mesmo tendo sido o principal ministro do ditador nazista Adolf Hitler. Não à toa, Speer viveu o pós-guerra como um autêntico "bom nazista", especialmente depois que deixou a prisão e passou a dar entrevistas em que jurava não ter nada a ver com o Holocausto – embora dissesse aceitar a "responsabilidade objetiva", isto é, a responsabilidade genérica por ter participado do governo assassino de Hitler, mas não por ter cometido qualquer crime. Era um de seus tantos truques para criar uma imagem de alguém que não teve escolha e que, no fundo, tinha bom coração.

Nazistas vasculham objetos pessoais de prisioneiros ao lado de alguns dos judeus que participaram do Levante do Gueto de Varsóvia, símbolo da resistência contra a barbárie: depois da guerra, apenas um punhado de algozes foi condenado.

United States Holocaust Memorial Museum, courtesy of National Archives and Records Administration, College Park

Soldados da SS revistam judeus depois que o Levante do Gueto de Varsóvia foi sufocado, em maio de 1943: sofrimento sem fim.

United States Holocaust Memorial Museum, courtesy of National Archives and Records Administration, College Park

Mesmo aqueles que não puderam se expor como Speer tiveram muito pouca dificuldade para reconstruir sua biografia depois da guerra, sem jamais renunciar plenamente ao nazismo. É o caso de Adolf Eichmann, o arquiteto do Holocausto. Uma vez superado o receio de ser capturado e vivendo com razoável liberdade na Argentina, Eichmann pretendia que um dia o mundo entendesse seu papel de mero burocrata do genocídio dos judeus. É esse também o caso de Franz Stangl, comandante dos campos de extermínio de Treblinka e de Sobibor, e de seu braço direito em Sobibor, Gustav Wagner, ambos dispostos a convencer a todos de que não tinham nenhuma responsabilidade sobre a matança dos judeus e de que mereciam viver sua pacata vida em São Paulo – especialmente Stangl, marido dedicado e pai amoroso.

Já o "Anjo da Morte" Josef Mengele considerava-se um cientista rigoroso, e ele jamais entendeu suas terríveis experiências com cobaias humanas no campo de extermínio de Auschwitz como crimes contra a humanidade. Julgava-se incompreendido e esperava que a sociedade civilizada um dia lhe atribuísse o devido valor. Enquanto isso, gozou de completa liberdade na Argentina, no Paraguai e no Brasil, usando muitas vezes seu nome verdadeiro e, a despeito de sua neurótica preocupação de ser descoberto, não teve dificuldade para fazer amigos.

Por fim, há o exemplar caso de Klaus Barbie, o "Açougueiro de Lyon". Diferentemente dos demais aqui retratados, Barbie nunca fingiu ou pretendeu ser o que não era. Torturador competente quando estava na Gestapo, a polícia política do Terceiro Reich, foi recrutado depois da guerra pelos Estados Unidos e pela Alemanha para usar suas habilidades criminosas na caçada aos comunistas. Depois disso, ofereceu seus préstimos a ditadores sanguinários na América Latina, traficou armas e planejou até mesmo fundar um "Quarto Reich" na Bolívia. Durante quatro décadas, transitou com liberdade em gabinetes ministeriais, quartéis generais e empresas mundo afora. Barbie talvez seja o melhor exemplo do "bom nazista" no sentido mais sarcástico do termo – ninguém foi tão abertamente nazista quanto ele depois da guerra, e mesmo assim conseguiu viver por muito tempo sem ser importunado de verdade nem precisar se esconder.

A principal explicação para tamanho desvirtuamento da justiça está na época em que esses fatos se deram. Viviam-se os paranoicos tempos da Guerra Fria, em que, principalmente nos Estados Unidos, a luta contra os comunistas adquiriu contornos épicos, solapando qualquer outra consideração. Os americanos entenderam que os ex-oficiais nazistas poderiam ser úteis para esse combate considerado existencial, já que, durante a Segunda Guerra, esses criminosos haviam sido especialmente ferozes contra os soviéticos.

Foi essa percepção, aliás, que fez com que os americanos apoiassem um sem-número de ditaduras na América Latina entre os anos 1960 e 1980, alinhando-as a seus interesses contra a ameaça comunista. Foi justamente nesse período que muitos nazistas, alguns com papel de liderança e organização no Terceiro Reich, encontraram refúgio em vários países latino-americanos que viviam sob regimes de exceção, como Argentina, Chile, Paraguai, Bolívia e Peru, e puderam oferecer aos respectivos ditadores seus serviços, tanto para caçar comunistas como para sufocar a oposição, usando para isso sua *expertise* em terrorismo e em tortura.

O caso da ditadura militar brasileira, no entanto, é um pouco diferente. Embora, é claro, o regime dos generais no Brasil tenha reprimido duramente qualquer iniciativa que cheirasse a comunismo e a dissidência, fazendo dessa forma o serviço que interessava aos americanos, o fato é que o alinhamento com Washington não era automático – e algumas vezes, mesmo no período mais feroz do governo militar, representado na figura do general Emílio Garrastazu Médici, houve algumas críticas do regime à interferência dos Estados Unidos. No que diz respeito especificamente aos nazistas em fuga da Europa em direção à América Latina, nazistas esses que os americanos estavam interessados em proteger e cujo trabalho queriam explorar, o Brasil, até onde se sabe, nunca demonstrou interesse, muito menos empenho, em recebê-los. Pode-se dizer que o Brasil dos militares era indiferente aos nazistas, embora soubesse que muitos deles – não necessariamente criminosos – haviam emigrado para o país depois da guerra, concentrando-se sobretudo na região Sul, de grande presença alemã. A única preocupação do governo era com a eventual participação desses nazistas em movimentos que pudessem ameaçar a ordem, mas as investigações nesse sentido foram escassas e pontuais.

Assim, como veremos, a vinda de alguns importantes nazistas para o Brasil, como Franz Stangl, comandante de Treblinka, seu assistente, Gustav Wagner, apodado "a Besta de Sobibor", e Josef Mengele, o "Anjo da Morte" de Auschwitz, não estava no mesmo contexto em que se deu a fuga de muitos nazistas que foram para os Estados Unidos ou para a Argentina, países que abrigaram a maior parte desses fugitivos e que tinham enorme interesse neles. Nenhum dos três contou com a ajuda do governo brasileiro nem para se esconder nem para se manter, e também, até onde se sabe, não participaram de nenhuma atividade relativa à perseguição de comunistas. E os que acabaram capturados – casos de Stangl e Wagner – foram julgados conforme a lei, sem nenhum tipo de tratamento especial.

Mas o Brasil foi exceção. A regra geral foi de proteção aos criminosos, e alguns, de tão à vontade que estavam, chegaram a planejar a fundação de um enclave nazista no exílio. Formou-se, na América Latina e nos Estados Unidos, uma rede articulada de ex-oficiais nazistas, que, além de providenciar empregos e ajuda financeira aos recém-chegados da Europa, notabilizou-se também por integrar o serviço de inteligência de diversos governos e envolver-se em tráfico de armas e no planejamento e execução de golpes de Estado.

Para isso, esses nazistas trataram de criar para si uma biografia inteiramente nova, desvinculada dos horrores do Terceiro Reich. A mentira, que era parte essencial do nazismo, continuaria a lhes servir no mundo do pós-guerra. Eles contaram, ademais, com a indiferença de boa parte do mundo em relação aos crimes que haviam ajudado a cometer. O cinema americano, que investiu pesadamente para transformar o ditador Adolf Hitler e seus principais assessores nos únicos responsáveis pelas atrocidades da Segunda Guerra, ajudou de forma decisiva a criar uma imagem de que o monstro do nazismo havia sido esmagado. Mas o genocídio dos judeus e o massacre de outras minorias não teriam sido possíveis sem a participação de uma parte considerável da sociedade europeia e, principalmente, alemã, seja na forma de colaboração direta, seja por omissão. Responsabilizar apenas Hitler e seus sequazes mais conhecidos foi a forma que o mundo encontrou para superar sua própria responsabilidade naquela imensa tragédia. E seguir adiante, nesse caso, significava passar uma borracha nesse período, criando uma narrativa conveniente – a narrativa da épica luta do mundo livre contra o monstro totalitário –, enquanto os Estados Unidos, as ditaduras latino-americanas e a própria Alemanha faziam uso extensivo dos bons serviços dos remanescentes do regime nazista, devidamente "perdoados" graças a uma combinação de leniência, interesses estratégicos na Guerra Fria e dificuldade para lidar com crimes de tão inaudita violência.

A LINHA DOS RATOS

A mais conhecida rede de auxílio de nazistas depois da guerra, a "Odessa", nunca existiu de fato. Famosa em razão do *thriller* literário *Dossiê Odessa* (1972), de Frederik Forsyth, transformado depois em filme de sucesso, a Odessa alimentou a imaginação de gerações a respeito de um complô internacional para dar refúgio e liberdade a alguns dos piores criminosos de guerra da História. Além de Forsyth, outro que se esforçou para que o mundo acreditasse na existência da Odessa foi o caçador de nazistas Simon Wiesenthal, famoso não só por sua perseverança na perseguição aos criminosos do Terceiro Reich, mas também por alguns exageros.

A Odessa pode ter sido apenas ficção, como demonstra a ausência de documentos a atestar sua existência, mas houve de fato diversos empreendimentos organizados para tirar os nazistas da Europa e levá-los a lugares seguros, onde, com a ajuda de membros do Vaticano e dos serviços secretos de várias partes do mundo, escapariam da Justiça e poderiam reconstruir suas vidas, muitas vezes emprestando sua *expertise* em tortura e assassinato para governos ditatoriais ou mesmo em democracias dispostas a usar qualquer arma, mesmo as imorais, para vencer a Guerra Fria contra os comunistas.

A principal rota de fuga para os nazistas, esta sim muito real, era a chamada Ratline, literalmente "Linha dos Ratos", também conhecida como "Rota dos Monastérios", por envolver vários sacerdotes católicos. Os carrascos Josef Mengele, Klaus Barbie e Adolf Eichmann foram alguns de seus beneficiários mais importantes, mas centenas de outros oficiais do Terceiro Reich usufruíram desse serviço.

A Ratline foi organizada por sacerdotes de ultradireita, que usaram parte da estrutura do Vaticano para operar. Há quem diga que o próprio papa Pio XII – cujo papel ambíguo a respeito da perseguição aos judeus alimenta toda sorte de especulações sobre suas intenções à época – tinha conhecimento da iniciativa, mas os documentos a esse respeito não são conclusivos.

A Ratline foi um sucesso também porque sua rota contava com a fragilidade da vigilância na Itália. Embora derrotada na guerra já em 1943, a Itália permanecia em parte sob o controle nazista, e esse controle perdurou, em algumas regiões, até mesmo depois da guerra. Não era difícil, portanto, circular por ali e alcançar os portos italianos, por onde foi possível escapar da Europa.

Um dos protagonistas da Ratline foi o padre Krunoslav Draganović, um fascista croata que tinha grande trânsito nos serviços de inteligência americanos, os quais ele ajudava com informações e com o perigoso trabalho de transportar para fora da Europa os nazistas que interessavam muito aos Estados Unidos, mas que, por outro lado, poderiam causar embaraços aos americanos se fossem capturados e levados a julgamento – ocasião em que certamente falariam sobre essas relações.

Outro importante operador da Ratline foi o bispo Alois "Luigi" Hudal, reitor de um seminário austro-germânico em Roma. Foi ele quem organizou pessoalmente a fuga de Franz Stangl, ex-comandante do campo de extermínio de Treblinka, para a Síria, e também de Adolf Eichmann e Josef Mengele. Em uma carta ao caudilho argentino Juan Domingo Perón, datada de agosto de 1948, Hudal pede 5 mil vistos de entrada, para 3 mil alemães e 2 mil austríacos. Disse que não se tratava de refugiados, e sim de soldados que haviam "lutado contra o comunismo". Enfatizava, na mensagem, que a Europa estava livre do bolchevismo graças ao "sacrifício" daqueles homens.[1]

Junto com Hudal, trabalhava o padre húngaro Edoardo Dömöter, de uma paróquia de Gênova, de onde partiam os navios que levavam os nazistas para fora da Europa. Dömöter foi o responsável por solicitar o passaporte com o qual Adolf Eichmann, o responsável pela organização do genocídio dos judeus europeus, fugiu para a Argentina.

Em menor escala, outra organização, chamada Die Spinne ("A Aranha", em alemão), também trabalhou para tirar nazistas da Europa – cerca de 600 criminosos foram beneficiados. Essa organização é o mais próximo que se pode chegar da lendária Odessa, pois se dedicava, tal como a rede fictícia, a salvar apenas ex-integrantes da SS, a tropa de elite nazista. Um de seus principais arquitetos foi o superespião nazista Otto Skorzeny, um dos mais importantes oficiais da SS, que vivia na Espanha depois da guerra e trabalhou sob a proteção do ditador Francisco Franco.

Os serviços de inteligência americanos sabiam perfeitamente como funcionava a rede Die Spinne, mas aparentemente nada fizeram para interromper seu trabalho. Pelo contrário: em sua determinação de enfrentar a ameaça comunista, fizeram uso dos bons serviços do competente Skorzeny. E ele não foi o único nazista útil para o governo dos Estados Unidos.

EUA: TERRA DA LIBERDADE PARA OS NAZISTAS

"Sou um leal cidadão americano, não fiz nada de errado. Lutei contra os comunistas. Servi o meu país. Eu servi a vocês – e à CIA", disse Tcherim Soobzokov, desesperado, quando seu nome apareceu nos jornais americanos, em julho de 1974, ao lado do de outros imigrantes europeus que haviam participado ativamente do regime assassino de Adolf Hitler na Alemanha, durante a Segunda Guerra, e depois encontraram confortável refúgio nos Estados Unidos.[2] Tom, como o russo Tcherim era conhecido pelos vizinhos e amigos americanos, acreditava que a guerra havia ficado para trás, mesmo que sua trajetória a serviço da SS nazista lhe tenha rendido o apelido de "Führer do Cáucaso" entre suas vítimas – sobretudo judeus e comunistas. E acreditava também que sua situação nos Estados Unidos era plenamente regular, pois as autoridades sabiam muito bem quem ele era e mesmo assim lhe deram a cidadania – até o final dos anos 1950, não havia nada na legislação americana que impedisse a entrada de nazistas no país.

Assim como Soobzokov, milhares de cúmplices de Hitler puderam se instalar nos Estados Unidos depois da guerra e quase todos eles escaparam de prestar contas à Justiça – e ainda trabalharam não apenas para o serviço de inteligência, mas também para o FBI, a polícia federal dos Estados Unidos, então empenhada em caçar comunistas país afora, sob a chefia de J. Edgar Hoover. A facilidade com que esses criminosos puderam emigrar para os Estados Unidos contrasta enormemente com a dificuldade que muitos dos sobreviventes do genocídio tiveram para encontrar abrigo no país.

O governo americano contribuiu de forma importante para ampliar o drama dos verdadeiros refugiados, em especial dos judeus. Em carta enviada em 31 de agosto de 1945 pelo presidente Henry Truman para o general Dwight Eisenhower, responsável pela zona de ocupação americana na Alemanha, descreve-se o pesadelo imposto aos sobreviventes do Holocausto. Truman cita um relatório do representante americano no Comitê de Refugiados que dizia: "Do modo como a situação hoje se nos apresenta, parece que nós estamos tratando os judeus como os nazistas os trataram, com exceção do fato de que nós não os exterminamos. [...] Pode-se imaginar que os alemães, ao verem isso, estejam supondo que nós estejamos seguindo ou ao menos corroborando as políticas nazistas."[3]

Nos três primeiros anos depois da guerra, enquanto 7 milhões de pessoas lutavam para conseguir retomar suas vidas em algum país que as acolhesse, os Estados Unidos emitiram 40 mil vistos, mas negaram sistematicamente a entrada para judeus que haviam escapado do Holocausto, enquanto ao menos 10 mil nazistas receberam *status* de refugiados de guerra e puderam entrar. Percebe-se, assim, que o imperativo da luta contra os comunistas se sobrepôs a qualquer consideração moral por parte dos Estados Unidos.

Os nazistas começaram a ir para os Estados Unidos antes mesmo do início da Segunda Guerra. Documentos encontrados em Munique logo após o término do conflito mostram que ao menos 700 nazistas alemães tiveram permissão para entrar no país e receberam cidadania americana antes de 1939, ano em que a guerra começou.

Já no final dos combates, em 1945, o encarregado da espionagem americana na Suíça, Allen Welsh Dulles, combinou com o general nazista Karl Wolff, homem de confiança do chefe da ss, Heinrich Himmler, uma espécie de colaboração. Wolff estava interessado em escapar de um julgamento depois da guerra, e Dulles queria a rápida rendição dos alemães na Itália e pretendia também contar com os serviços dos nazistas contra os soviéticos. Começaria ali uma aliança tão frutífera quanto indecente. O acordo foi bom para ambos: Wolff entregou as informações requeridas e não foi julgado pelo Tribunal de Nuremberg – ele foi ouvido apenas como "testemunha", apesar de ter desempenhado importante papel na hierarquia do Terceiro Reich –, enquanto Dulles acabou mais tarde sendo nomeado chefe da CIA.

Conforme explicou Harry Rositzke, um especialista da CIA em União Soviética, era um "negócio visceral" para os serviços de inteligência americanos "usar qualquer bastardo, desde que fosse anticomunista".[4] E os nazistas, do ponto de vista americano, eram os mais ferozes anticomunistas do mundo, segundo se podia depreender da guerra selvagem deflagrada por Hitler na União Soviética. Ainda na Europa, numa operação chamada "Projeto Felicidade", o CIC (Counterintelligence Corps, o serviço de contraespionagem do Exército americano) contratou ex-integrantes da Gestapo para se infiltrarem no KPD, o Partido Comunista Alemão; em troca, prometia-lhes dinheiro, proteção, auxílio para os filhos e, mais importante, imunidade.

Para os americanos, blindar criminosos nazistas valia a pena, se isso representasse vantagem contra os comunistas. Ademais, respondia a uma pressão dos próprios alemães ocidentais, muito dispostos a colaborar com os Estados Unidos, desde que o passado ficasse no passado. Em nome desse imperativo, sempre tendo em vista a ameaça representada pela União Soviética, a leniência em relação aos nazistas tornou-se quase uma norma.

Um exemplo típico é o do ucraniano Jakob Reimer. Depois de ter participado da guerra como oficial da SS, sendo um dos responsáveis por massacrar judeus no campo de Trawniki, na Polônia, Reimer emigrou como ex-prisioneiro de guerra para os Estados Unidos em 1952 e se estabeleceu no Queens, em Nova York, onde se tornou gerente de um restaurante e representante de vendas das batatas fritas Wise. Foi somente em 1992, quarenta anos mais tarde, que as autoridades americanas decidiram processá-lo, e logo emergiu a terrível constatação de que nenhum agente da imigração americana questionara o que Reimer havia feito de fato durante a guerra, aceitando suas mentiras sem dificuldade e concedendo-lhe o precioso visto, que deveria ter sido dado a quem realmente precisava. O processo contra Reimer só se encerrou em 2002, quando sua cidadania foi anulada, mas ele recorreu – alegando que, afinal, "tudo foi esquecido"[5] – e acabou morrendo, em 2005, antes da conclusão do processo.

O caso de Reimer pode ser qualificado, com boa vontade, de um "deslize" por parte das autoridades de imigração americanas. Mas houve situações em que o governo dos Estados Unidos sabia muito bem que o candidato à imigração havia cometido crimes e, mesmo assim, fez bom uso de seus serviços, colaborando para limpar sua biografia. Foi o caso de Otto von Bolschwing.

Depois de ter ocupado um alto posto no departamento do Terceiro Reich responsável pela "Solução Final da Questão Judaica" – isto é, o extermínio dos judeus da Europa –, Bolschwing apresentou-se no fim da guerra aos americanos, oferecendo-se para trabalhar como informante. Dizendo-se um oponente de Hitler – mentira a que muitos nazistas recorreram para tentar se dar bem com os vencedores da guerra –, Bolschwing conquistou a confiança de seus novos superiores, sendo até mesmo objeto de elogios oficiais por parte da CIA. O serviço de inteligência americano ajudou a construir para Bolschwing uma nova vida, em que seu passado nazista foi totalmente apagado. Primeiro, no início dos anos 1950, ele montou para os americanos uma rede de espiões na Áustria. Depois, em 1954, tornou-se o elo da Organização Gehlen, embrião do serviço secreto alemão-ocidental, nos Estados Unidos. Mais tarde, já oficialmente cidadão americano, foi empregado como executivo de uma empresa de computadores da Califórnia que tinha contratos com o Departamento de Defesa.

Somente em 1979 as informações verdadeiras sobre Bolschwing vieram à tona, e ele foi processado dois anos mais tarde. O nazista finalmente perdeu a cidadania em 1982, mas não foi deportado, em razão de seu frágil estado de saúde. Morreu em solo americano em março daquele ano, na tranquilidade de seu exílio californiano.

Nem todos tiveram de criar uma nova biografia para entrar nos Estados Unidos. Um dos exemplos mais conhecidos é o do cientista Wernher von Braun. Mesmo depois de ter trabalhado fielmente para Hitler, usando inclusive mão de obra escrava para desenvolver mísseis que foram despejados sobre civis em Londres, Von Braun se mudou para o Alabama e tornou-se um respeitável americano.

O caso de Von Braun demonstra o interesse dos americanos em cooptar os cientistas e engenheiros nazistas, pouco importando se estes haviam realizado seu trabalho à custa da morte, por exaustão ou por violência extrema, de 20 mil prisioneiros de guerra e judeus no campo de Dora, convertido em fábrica de armamentos da Alemanha nazista. O que interessava era levar esses cientistas para os Estados Unidos antes que os russos os convencessem a ir para a União Soviética.

Para esse fim, parecia irrelevante o que esses nazistas haviam feito. Desse modo, além desses cientistas, foram trazidos para os Estados Unidos, já a partir de 1946, químicos que haviam trabalhado na IG Farben, fornecedora do gás que matara milhões de judeus, e médicos que haviam feito experiências terríveis nos campos de extermínio, entre outros especialistas que zelosamente colaboraram com as atrocidades nazistas. Um engenheiro de aviação alemão, Emil Salmon, foi trabalhar numa base aérea de Ohio mesmo depois de sua condenação na Alemanha por ter incendiado uma sinagoga. O Exército americano reconheceu que sabia das acusações contra Salmon, mas alegou que sua *expertise* na construção de motores de teste era "difícil, senão impossível, de substituir".[6] Homens como Salmon foram rapidamente incorporados às comunidades locais e se tornaram cidadãos americanos exemplares, sobre os quais ninguém levantava nenhuma dúvida.

A cooptação de Von Braun, no entanto, estava em outro nível – foi classificada pela inteligência americana como vital para a segurança nacional. Logo em junho de 1945, antes do final formal da guerra, ele e dezenas de outros cientistas nazistas foram arregimentados pela inteligência americana, que procurou apagar todos os registros da passagem deles pelo Terceiro Reich. Tudo para que pudessem obter rapidamente permissão de trabalho e tivessem tranquilidade para desenvolver os projetos que os Estados Unidos obsessivamente perseguiam. E Von Braun não decepcionou: no Texas e depois no Alabama, ajudou a desenvolver o programa espacial americano e o programa de mísseis balísticos nucleares, essencial na corrida tecnológica travada contra a União Soviética.

Por conta disso, tornou-se uma celebridade, alimentada pela cultura pop americana: escreveu vários livros de sucesso, como *Fronteira do espaço* e *Os primeiros homens na Lua*; teve sua vida transformada em filme, *Na rota das estrelas* (*Wernher Von Braun*, 1960), e ganhou capa na revista *Time*, sob o título *Missileman.*

Com Von Braun trabalhou Arthur Rudolph, outro destacado engenheiro nazista, responsável pelo desenvolvimento dos mísseis Pershing, triunfo que lhe valeu a mais alta condecoração militar concedida a civis nos Estados Unidos, e do foguete Saturno v, pioneiro na exploração da Lua. Assim como Von Braun, Rudolph havia feito extenso uso de mão de obra escrava no campo nazista de Dora.

Mas Von Braun e Rudolph não foram os únicos cientistas e engenheiros nazistas a brilhar entre os emigrados daquela época. Outra estrela entre os ex-colaboradores de Hitler a fazer carreira excepcional nos Estados Unidos foi o doutor Hubertus Strughold, considerado o pai da medicina espacial americana. Um prêmio com seu nome chegou a ser instituído em 1963 pela Associação de Medicina Espacial dos Estados Unidos.

Conforme se lê em um memorando do Julgamento de Nuremberg, Strughold tinha pleno conhecimento dos terríveis experimentos com prisioneiros do campo de Dachau, na Alemanha, durante o Terceiro Reich. "Devido à sua posição e a seus associados, o Dr. Strughold devia estar ciente do que faziam esses homens", diz um dos anexos do julgamento a respeito dos médicos que efetivamente conduziram os experimentos – que incluíam, por exemplo, o congelamento de prisioneiros vivos.[7]

Em outro trecho do documento, Strughold, "questionado sobre os experimentos com baixas temperaturas em seres humanos", disse que "sabia acerca desses experimentos a partir do que ouviu em um encontro em Nuremberg em 1943" (o documento corrige o médico e diz que a informação a que Strughold se refere circulou numa conferência em outubro de 1942). Strughold acrescentou, porém, que "desaprovou tais experimentos em não voluntários, em princípio" e declarou: "Eu sempre proibi até mesmo que se pensasse nesses experimentos no meu instituto [o Instituto de Pesquisa Aeromédica em Berlim], em primeiro lugar por causa de considerações morais, e em segundo lugar em razão de considerações éticas e médicas. Todos os experimentos que conduzimos com humanos foram realizados apenas por nossa equipe e por estudantes interessados em nosso campo de pesquisa, estritamente com voluntários."[8]

As respostas de Strughold foram vagas o bastante para alimentar a hipótese de que os "voluntários" a que ele se referiu na verdade não tiveram muita escolha senão participar de experimentos que nada acrescentaram à medicina e apenas infligiram sofrimento terrível às cobaias.

Portanto, a participação de Strughold nesses crimes nunca ficou suficientemente clara, mas não pode ser descartada. Ademais, mesmo que apenas tivesse tido conhecimento, sem participação direta nos experimentos, o fato é que ele poderia, usando seu poder e seu prestígio, ter denunciado os colegas que realizaram aquele terrível trabalho.

Embora Strughold não tenha sido formalmente acusado e julgado, as suspeitas sobreviveram à guerra e o acompanharam

ao longo de sua vitoriosa carreira nos Estados Unidos, interrompida apenas por sua morte, em 1986. Nos anos 2000, surgiram evidências de que, no instituto alemão sob sua direção,
pesquisadores haviam feito experiências com crianças, subme-
tendo-as a condições de altitude simulada de até 6 mil metros.
Com base nessa informação, tornada pública em 2004, o prêmio
Strughold foi cancelado – ainda que seus seguidores mais fiéis
nos Estados Unidos tenham mantido a láurea informalmente.

O sossego dos nazistas em terras americanas começou a fi-
car abalado em janeiro de 1963, quando um jornalista *freelance*,
Charles "Chuck" Allen Jr., publicou na revista *Jewish Currents*, de
Chicago, um artigo em que denunciava a presença nos Estados
Unidos de ao menos 15 criminosos de guerra do Terceiro Reich.
Um dos homens citados por Allen, Gustav Hilger, braço direito
do ministro das Relações Exteriores de Hitler, Joachim von
Ribbentrop, vivia em Washington e seu nome aparecia inclusive
na lista telefônica, conforme atestou o jornalista, que publicou
até o número.[9] Hilger era consultor da CIA, mesmo havendo car-
radas de evidências de que ele trabalhara com afinco para o projeto de destruição dos judeus europeus. Ele foi salvo em 1948 por
George Kennan, estrela do Departamento de Estado americano,
que lhe arranjou um lugar em Washington, onde pôde desenvolver seu trabalho de informações sobre os soviéticos.

Mas foi somente a partir de 1979 que a situação confortável dos nazistas passaria a mudar de fato. O Departamento
de Justiça finalmente montou uma equipe, o Escritório de Investigações Especiais, especializada em encontrar nazistas que
eventualmente estivessem vivendo nos Estados Unidos – mas
o trabalho foi, no início, sabotado pelo FBI, que não tinha interesse em ver seus ex-informantes processados.

Apesar disso, a equipe do Departamento de Justiça conseguiu alguns feitos memoráveis, como fechar o cerco ao engenheiro Arthur Rudolph, o já citado companheiro de Von Braun.
Em 1983, Rudolph se viu obrigado a assinar um termo em que

renunciava à cidadania americana – desde que pudesse manter sua aposentadoria e os benefícios sociais para sua família, o que foi aceito. Rudolph foi para a Alemanha e lá recuperou a cidadania alemã. Morreu em Hamburgo, em 1996, aos 89 anos.

Finalmente, em 1998, sob o governo de Bill Clinton, o Congresso dos Estados Unidos aprovou o Nazi War Crimes Disclosure Act, lei que mandava abrir documentos americanos que pudessem iluminar os crimes de guerra nazistas – e, como efeito colateral, revelar a eventual proteção que os criminosos nazistas receberam do governo americano e o trabalho deles para os serviços de inteligência dos Estados Unidos. Foi um choque para o país, cuja Justiça passaria a ter a sensível missão de lidar com cidadãos americanos acusados de participação em atrocidades indescritíveis.

Essa lei resultou em parte das denúncias feitas pela senadora Elizabeth Holtzmann, que havia liderado a criação da equipe antinazista do Departamento de Justiça. Ela mencionou, nos debates no Congresso, a existência de ao menos 20 criminosos nazistas na folha de pagamento da CIA e de outras agências americanas, que conheciam perfeitamente o passado tenebroso dessas figuras.

Uma das observações de Holtzmann, feitas em uma das audiências para a aprovação da lei, vai ao centro do problema, eminentemente moral: "Com o terrível espectro dos crimes de guerra em Ruanda e na Bósnia, para não mencionar o genocídio no Camboja, como o nosso governo pode cobrar justiça nesses casos e continuar a manter em segredo a história de suas conexões com criminosos de guerra nazistas?"[10]

Diante desse imperativo, a caçada aos nazistas em terras americanas, quase todos ex-colaboradores do governo dos Estados Unidos, continuou. Em 2014, Johann Breyer, de 89 anos, morador da Philadelphia, foi preso e formalmente acusado de ter participado do gaseamento de 216 mil judeus em Auschwitz. Processado, perdeu a causa, mas, como aconteceu com muitos outros como ele, morreu antes que pudesse ser extraditado.

Um ano depois, em 2015, a imprensa americana divulgou uma auditoria que demonstrava que ao menos 133 ex-nazistas recebiam benefícios sociais e previdenciários havia cerca de meio século, desde os anos 1960. Mesmo os nazistas que haviam fugido dos Estados Unidos e foram para a Europa para escapar da Justiça continuaram a receber o dinheiro. Tudo isso aconteceu até 2014, quando o Congresso, informado a respeito, mandou interromper os pagamentos, que àquela altura já somavam cerca de US$ 20 milhões.

Essa situação grotesca – nazistas recebendo aposentadoria americana – talvez seja o melhor símbolo de uma era de confusão moral, que levou os Estados Unidos, campeões da liberdade e da democracia, a justificar, em nome desses mesmos ideais, a colaboração com ex-integrantes de um regime especialmente cruel e criminoso, contra o qual tantos americanos haviam lutado.

ALEMANHA, ÁUSTRIA
E O PASSADO QUE NÃO PASSA

Em 1958, três anos depois que os tribunais alemães recuperaram inteiramente suas funções, a Alemanha Ocidental instituiu a Agência Central de Investigação de Crimes do Nazismo. É curioso que o trabalho dessa agência seja chamado, em alemão, de *Aufklärung*, que quer dizer também "esclarecimento". Então, além de processar os responsáveis pelos crimes contra a população civil entre 1939 e 1945, conforme prometiam seus estatutos, sua missão era, literalmente, lançar luz sobre o comportamento do país naquele terrível período.

O encontro da Alemanha com seu traumático passado recente envolveu 130 promotores de Justiça e magistrados, auxiliados por 300 policiais, que investigaram mais de 10 mil suspeitos dos chamados "crimes nazistas" – enquadramento que diferenciava esses criminosos daqueles que haviam cometido crimes de guerra, cuja jurisprudência era evidentemente diferente. No caso dos alemães envolvidos em "crimes nazistas", tratava-se de definir seu envolvimento em ações deliberadas contra civis inocentes, que não podiam ser qualificadas como ações características de guerra. Em março de 2016, uma equipe desse departamento esteve no Brasil para procurar nomes de pessoas que possam ter participado desses crimes. Chegaram a um morador do Paraná, morto em 1996, que integrou um grupo dedicado ao extermínio de judeus na guerra.

Nada disso ocorreu sem traumas na Alemanha. O trabalho da agência foi muito malvisto pelos alemães comuns, que no início hostilizaram as equipes. "Houve alguns períodos nestes últimos 50 anos nos quais a maioria dos alemães, de diferentes gerações, não queria, ou não quis mais, pensar em Hitler ou ser lembrada das coisas que lhe diziam respeito", escreveu a jornalista Gitta Sereny ao abordar o "trauma alemão" do pós-guerra. "Essa resistência – ou negação – revigorou-se intensamente na década de 1960, quando os tribunais alemães iniciaram os julgamentos dos nazistas."[11] Foram condenadas apenas cerca de 7 mil pessoas, e é improvável que esse número cresça, em razão da idade dos remanescentes da guerra e, principalmente, devido ao empenho apenas relativo do aparato judicial alemão.

O número de condenados é ínfimo ante a enormidade do envolvimento dos alemães com o nazismo e seus crimes. A impunidade ainda é a grande marca alemã. Dos 6.500 membros da ss que serviram em Auschwitz e sobreviveram à guerra, somente cerca de 50 foram condenados por sua participação. Nos julgamentos, muitos notórios criminosos tiveram a oportunidade de falar sobre como foram levados a cometer barbaridades graças às nocivas influências externas, sobre como apenas cumpriram ordens e sobre como eram tão vítimas quanto as que foram assassinadas por suas mãos.

Ou seja, os alemães foram incapazes de julgar corretamente a maior parte de seus criminosos nazistas, indício claro de indiferença em relação às atrocidades e do esforço para esquecer essa parte da história do país. É claro que a monstruosidade dos crimes cometidos torna muito difícil a aplicação da justiça comum, pois qualquer tentativa de qualificação do que foi feito, usando os conceitos limitados do Direito, certamente diminui sua dimensão. Muitos nazistas escaparam de punição, a despeito de sua evidente culpa, porque não foi possível estabelecer a responsabilidade individual, precondição para um julgamento ser considerado justo, em situações normais.

Assim, os alemães envolvidos nos crimes não foram obrigados a assumir a responsabilidade pelo que fizeram nem os alemães em geral foram incitados a refletir de fato sobre a responsabilidade do país. A justiça serviria como uma prestação de contas, mas a Alemanha, aparentemente, preferiu fazê-lo apenas parcialmente – sobretudo na forma de livros, filmes e debates na TV entre pensadores realmente dispostos a mexer nessas feridas. No frigir dos ovos, contudo, o alvo dessa reflexão foi mais a degradação moral *dos nazistas*, e menos a degradação moral *dos alemães*, como se aqueles não fossem igualmente alemães e como se estes não tivessem participado de alguma maneira do regime nazista.

Assim, ao se recusar a ver o que havia feito no passado, a Alemanha promoveu um processo de desnazificação que, no dizer de Gitta Sereny, se provou "uma farsa": "As conveniências políticas cada vez mais numerosas do momento redundaram na reintegração de pessoas profundamente envolvidas com o nazismo em cargos fundamentais no governo, no Poder Judiciário, na educação e na indústria."[12]

Sabe-se que muitos ex-nazistas trabalharam para empresas alemãs depois da guerra, como forma de proteção. Klaus Barbie, o Açougueiro de Lyon, serviu à farmacêutica Boehringer e à comerciante de armamentos Merex AG, assim como o falsário Friedrich Schwend. Walter Rauff, o inventor das câmaras de gás móveis, trabalhou na indústria química IG Farben; Hans-Ulrich Rudel, o maior piloto da Luftwaffe na Segunda Guerra, foi funcionário da Siemens; e Otto Skorzeny, um dos mais graduados oficiais da ss, representou a Krupp, que fazia aço e armas. Franz Stangl e Adolf Eichmann também foram empregados de grandes indústrias alemãs – Volkswagen e Mercedes-Benz, respectivamente –, mas no caso deles nada indica que as empresas os tenham contratado em razão de seu passado nazista.

Mas esses eram casos que envolviam empresas privadas, cujo comportamento, embora reprovável, só dizia respeito a seus acionistas. O mais importante, aqui, é avaliar os casos em que ex-oficiais nazistas tiveram papel central na administração pública da Alemanha e da Áustria depois da guerra, pois é aí que se pode verificar, de fato, a extensão do alheamento alemão e austríaco em relação aos crimes nazistas.

Um exemplo significativo é o de Reinhard Gehlen, que durante o conflito torturou prisioneiros de guerra soviéticos para conseguir informações úteis ao Terceiro Reich e depois liderou a formação do serviço secreto alemão-ocidental, chamado de BND (Bundesnarichtendienst). Gehlen, claro, ajudou a CIA a espionar os soviéticos, usando para tanto vários nazistas, reunidos na "Organização Gehlen", embrião da BND.

Até onde se sabe, o chanceler Konrad Adenauer, primeiro chefe de governo da Alemanha Ocidental, que governou o país de 1949 a 1963, não tinha conhecimento da relação entre Gehlen e a CIA. Em 1956, a Organização Gehlen deixou a tutela americana e passou definitivamente a trabalhar apenas para o governo alemão, já com o nome de BND.

O homem que estabeleceu a ponte entre Gehlen e Adenauer foi Hans Globke, o poderoso secretário de Estado do chanceler. A relação foi prolífica para Gehlen, que conseguiu evitar todo tipo de escrutínio do Parlamento alemão sobre seu trabalho.

Globke, por sua vez, é um caso clássico de ex-servidor do regime nazista que ascendeu política e socialmente na Alemanha do pós-guerra e, por isso, merece ser observado com mais atenção. Seu papel no Terceiro Reich é controverso, para dizer o mínimo. A polêmica de sua nomeação foi tão intensa que Adenauer, nos primeiros quatro anos de seu termo, não formalizou nenhum cargo para Globke, vindo a fazê-lo somente em 1953, quando o chanceler foi reconduzido ao cargo após ganhar as eleições daquele ano de forma confortável. Globke, então, tornou-se secretário de Estado de Adenauer, responsável pelas negociações políticas e as relações com o Parlamento. Era, portanto, uma espécie de número dois do regime, chamado de "eminência parda" por seus detratores, poderoso o bastante para se tornar imprescindível para o chanceler. Foi o mais longe que um ex-funcionário do regime nazista conseguiu chegar na Alemanha do pós-guerra, a despeito das inúmeras críticas da oposição social-democrata e da imprensa.

Durante o Terceiro Reich, embora não fosse filiado ao Partido Nazista – ele era oriundo do católico Partido do Centro Alemão (Deutsche Zentrumpartei) –, subiu na hierarquia do Ministério do Interior. Depois da guerra, Globke foi questionado sobre a razão pela qual não pediu demissão quando percebeu a óbvia natureza deletéria do regime, mas não era uma questão simples: como servidor de carreira, não seria fácil para ele abrir mão de seu projeto de vida. Ademais, segundo relatou, foi incitado pela Igreja Católica a permanecer no governo para servir como um espião informal do regime. Assim, manteve inalterada sua dedicação.

Sob Hitler, Globke chegou a ocupar o cargo de conselheiro ministerial, e sua especialidade era assuntos matrimoniais, um aspecto crucial para um regime que pretendia "purificar" a raça por meio do controle dos casamentos. Entre 1935 e 1945, foi um dos principais auxiliares de Wilhelm Stuckart, o secretário de Estado do Interior, membro da velha guarda nazista, filiado ao Partido Nazista desde 1922. Stuckart foi um dos autores das infames Leis de Nuremberg, legislação nazista que retirou a cidadania alemã dos judeus a partir de 1935.

O papel de Globke a respeito dessa legislação continua a ser objeto de disputa. Alguns autores atribuem a ele a coautoria desse trabalho, mas a documentação disponível autoriza a conclusão de que ele fez apenas comentários jurídicos sobre o tema, um ano mais tarde, junto com Stuckart.

Depois da guerra, em 1948, Globke foi chamado como testemunha, de defesa e de acusação, no julgamento de Stuckart em Nuremberg. Em seus depoimentos, não escondeu sua condição de funcionário do regime muito próximo do centro das decisões a respeito do massacre dos judeus. Ao contrário, procurou mostrar-se uma testemunha confiável e franca.

Daquela situação, emergiu a imagem de um funcionário público exemplar, que soube lidar com a pressão de um regime assassino e, depois da guerra, com o fardo de ter pertencido a esse regime e ter de provar o tempo todo que nada teve a ver com o Holocausto – embora tenha admitido, diversas vezes, inclusive sob juramento, que tinha conhecimento do plano para exterminar os judeus. Globke foi habilidoso o suficiente para fornecer a Adenauer os elementos necessários para defender sua nomeação, inclusive cartas de recomendação de eminentes líderes católicos alemães. Mas o principal trunfo foi o retrato que Globke pintou de Stuckart – e, por extensão, de si mesmo.

Para criar a imagem de um funcionário que não compactuava com o regime nazista, Globke convenceu o mundo de que seu chefe tinha bom coração e não concordava com a maioria das políticas de perseguição e eliminação dos judeus. Ambos, conforme essa versão, se dedicaram a reduzir os efeitos da política de segregação e extermínio – muito embora o organizador da Solução Final, Adolf Eichmann, tenha dito, em seu julgamento em Jerusalém, em 1961, que todos os presentes à Conferência de Wannsee, que decidiu em 1944 como os judeus seriam eliminados de vez, demonstraram "extraordinário entusiasmo" pelo plano, especialmente Stuckart. Como relatou Hannah Arendt, reproduzindo os comentários de Eichmann, os presentes à conferência "não se limitaram a expressar opiniões" sobre as melhores maneiras de matar os judeus europeus, "mas fizeram propostas concretas". O encontro em Wannsee era a chance de Stuckart, o chefe de Globke, mostrar que tinha alguma objeção à Solução Final, mas, aparentemente, ele não o fez. Pelo contrário – se for verdadeira a declaração de Eichmann –, Stuckart entusiasmou-se e deu até mesmo ideias para aperfeiçoar o morticínio.[13]

A respeito de si mesmo, Globke conseguiu diversos testemunhos que atestaram, segundo insistiu, seu papel na resistência a Hitler no final da guerra, tendo participado até mesmo da famosa Operação Valquíria, que tentou eliminar o Führer em 20 de julho de 1944. Segundo consta, Globke foi o responsável por dar informações de dentro do regime para os conspiradores e por formular algumas das leis que seriam aplicadas imediatamente após a queda do Terceiro Reich. Foi esse esforço que reduziu drasticamente a pena de Stuckart em Nuremberg – sua pena de prisão foi suspensa em razão de sua saúde debilitada – e ele acabou apenas multado em 500 marcos por um tribunal alemão de desnazificação, que desconsiderou totalmente sua vinculação histórica ao Partido Nazista e sua filiação à SS. Todos esses desdobramentos ajudaram Globke a ser visto quase como um nazista acidental.

O problema, para Globke, foi explicar seus comentários jurídicos sobre as Leis de Nuremberg, comentários esses que serviram de base para a aplicação da legislação. Ele conseguiu, não sem controvérsia, perpetuar a versão de que seu trabalho ajudou os judeus, ao permitir que, em casos isolados, exceções fossem abertas na legislação racista. Do mesmo modo, Globke sustentou que, embora pudesse ter se negado a trabalhar para o Ministério do Interior, preferiu lá continuar para ajudar os judeus tanto quanto lhe fosse possível e para participar da conspiração que quase matou Hitler perto do final da guerra.

Globke era considerado essencial na estratégia da CDU (União Democrata Cristã) para atrair o apoio dos *Mitläufer*, isto é, os alemães que, embora não tenham sido acusados ou julgados por crimes de guerra, tiveram intensa relação com o regime nazista, sendo inclusive filiados ao partido. Afinal, o ex-funcionário do governo hitlerista conseguiu atravessar o pós-guerra sem nenhum problema de consciência, exatamente como pretendiam fazer esses numerosos eleitores na Alemanha. Como Globke tratou de aparentar total transparência a respeito de seu passado, o que, de resto, jamais pôde ser inteiramente comprovado, ele foi visto como um exemplo de funcionário do regime nazista que atravessou aqueles terríveis anos sem violentar sua moral ou sua consciência. Eis por que serviu a Adenauer sem grandes obstáculos políticos, mas é evidente que não foi fácil.

Além de ter de constantemente responder sobre seu passado para os alemães-ocidentais, Globke foi retratado pela Alemanha comunista de forma negativa, de maneira a caracterizar a Alemanha capitalista como um valhacouto de nazistas.

Globke, definitivamente, não era nazista, ao menos formalmente. Depois da guerra, ele sustentou, sem ser contraditado, que não era membro do partido. O problema é que, sim, Globke havia tentado entrar no partido em 1940, mas foi rejeitado por ter sido membro do Partido do Centro, católico. Esse detalhe, por erro do processo de desnazificação, foi omitido do formulário de Globke, e somente veio à tona nos anos 1960, quando ele já estava aposentado.

Globke era de uma categoria diferente de colaboradores do regime, uma categoria que infestou a Alemanha no pós-guerra: a dos funcionários públicos que trabalharam para o Terceiro Reich, mas se consideravam "mitigadores" do radicalismo nazista, na feliz expressão de Hannah Arendt.[14] Isto é, eram servidores de carreira que permaneceram em seus postos e desempenharam zelosamente suas funções com o objetivo de impedir que os "verdadeiros" nazistas tomassem seus lugares e tivessem mais liberdade para agir contra os judeus – ou seja, "mitigaram" a ferocidade nazista.

Globke se apresentou o tempo todo como "mitigador", mas é de sua autoria uma diretriz, do Ministério do Interior, segundo a qual era preciso uma "prova de ascendência ariana" para pessoas que pretendiam alterar o nome – com a evidente intenção de impedir que judeus fossem absorvidos pela sociedade alemã. A diretriz de Globke, como lembrou Arendt, é de 1932, um ano antes, portanto, da chegada de Hitler ao poder e três anos antes das terríveis Leis de Nuremberg, que versariam sobre temas correlatos. A propósito das Leis de Nuremberg, o "mitigador" Globke contribuiu, segundo Arendt, para uma interpretação dessa legislação muito mais severa do que a feita por outros assessores jurídicos do Terceiro Reich que eram, estes sim, nazistas de carteirinha.

Assim como Globke, havia centenas de funcionários do regime hitlerista que depois da guerra se disseram "mitigadores", mas, se todos eles realmente se empenharam em atrapalhar os planos genocidas do Terceiro Reich, fica difícil entender como foi possível eliminar assim mesmo milhões de judeus e outras minorias num espaço tão curto de tempo. Como escreveu Arendt, "evidentemente, a história dos 'mitigadores' nos escritórios de Hitler faz parte dos contos de fadas do pós-guerra."[15]

Seja como for, o caso de Globke ilustra também a necessidade dos Aliados e do novo governo alemão-ocidental de contar com ex-funcionários do regime nazista para administrar o país. "Não creio que o passado de Globke seja negro o bastante para impedi-lo de ser empregado em uma função de assessoria", escreveu um funcionário britânico que avaliou como muito perspicazes as opiniões de Globke a respeito do processo eleitoral que estava sendo preparado na Alemanha Ocidental. E ainda acrescentou: "[Seu trabalho] mostra que ele entende nossos propósitos, e de nenhuma maneira é ignorante a respeito de nossas intenções democráticas."[16]

Foi essa mesma conclusão que permitiu que muitos antigos funcionários nazistas pudessem se integrar ao governo de

Adenauer: de servidores de um regime assassino, com o qual colaboraram cada um à sua maneira, eles haviam passado a ser vistos como aptos a aceitar a democracia – e seu passado não foi considerado "negro o bastante" para desqualificá-los. Foi Adenauer quem resgatou Globke e outros nazistas, conferindo-lhes uma nova biografia, não necessariamente condizente com a verdade, tudo porque, em sua visão, não seria possível construir uma democracia estável na Alemanha Ocidental sem integrar também os alemães que tiveram alguma ligação com o regime de Hitler – e eram milhões de pessoas, em maior ou menor grau.

Foi a ampliação desse esforço, quase uma política formal de Estado, que permitiu que um nazista como Kurt Georg Kiesinger – membro do partido desde 1933 e que foi um dos principais funcionários do Ministério das Relações Exteriores do Terceiro Reich, desempenhando ainda funções ligadas ao Ministério da Propaganda, de Joseph Goebbels – se tornasse chanceler federal, em 1966, sem que isso causasse especial abalo.

Outro caso semelhante, mas muito mais rumoroso, foi o do austríaco Kurt Waldheim, que foi eleito secretário-geral da Organização das Nações Unidas em 1972 e permaneceu nessa função até 1981. Depois, em 1986, foi eleito presidente da Áustria. Durante a campanha, porém, surgiram as primeiras informações a respeito do passado obscuro de Waldheim – até então, em sua biografia, pouco se sabia o que ele havia feito entre 1938 e 1945, justamente o período em que a Áustria esteve sob ocupação da Alemanha nazista.

Foi naquela época que o mundo ficou sabendo que o respeitável senhor que havia ocupado o mais alto cargo na ONU fora acusado de crimes de guerra por uma comissão iugoslava, por sua participação num grupamento militar nazista que ajudou a deportar judeus da Grécia e cometeu atrocidades na Iugoslávia – e essas denúncias haviam sido corroboradas pela própria Comissão da ONU para Crimes de Guerra. Em 1987, o Departamento de Justiça dos Estados Unidos colocou Waldheim em sua lista de

Kurt Waldheim, o ex-nazista que se tornou secretário-geral da ONU, visita o Masp, em março de 1973.

Rolando de Freitas/Estadão Conteúdo

estrangeiros indesejáveis, e até o final de seu mandato, em 1992, ele foi ignorado pela maioria dos chefes de Estado do resto do mundo.[17] O curioso é que documentos que vieram à luz em 2001 mostram que a CIA sabia bem quem era Waldheim desde 1945, com base em informações colhidas pelos espiões britânicos.

O caso de Waldheim foi especialmente amargo. A Áustria vinha lutando para parecer ao mundo uma vítima do nazismo, e não uma colaboradora do regime hitlerista. Para muitos austríacos, o cerco a Waldheim era também um cerco a eles, promovido pelos americanos, pela imprensa estrangeira e, claro, pelos judeus.

Em todos esses casos, fica claro que a administração que sucedeu ao nazismo, tanto na Alemanha quanto na Áustria, empenhou-se em construir as duas categorias de cidadãos com as quais os governos daqueles países pretendiam contar a história: havia um punhado de criminosos, já devidamente punidos, e havia todo o resto – cuja colaboração com o nazismo, eventual ou sistemática, foi convenientemente esquecida.

América Latina, refúgio da escória

Grande parte dos ex-nazistas que se estabeleceram na América do Sul estava muito à vontade. Walter Rauff, o inventor das câmaras de gás móveis, não achou necessário nem mesmo mudar seu nome. Trabalhando para o BND, o serviço secreto alemão-ocidental, que sabia perfeitamente quem ele era e o que havia feito, Rauff tornou-se muito próximo de Klaus Barbie, o Açougueiro de Lyon, tornando-se seu amigo e parceiro de negócios no Chile e na Bolívia. Morreu tranquilamente em Santiago do Chile, em 1984, aos 77 anos, sem ter sido importunado pela Justiça alemã.

Nos anos 1960, outros próceres do regime hitlerista chegaram a se juntar, como sócios, para realizar empreendimentos de porte considerável na América Latina, com grande visibilidade e com relações estreitas com os governos locais.

Um desses empreendimentos foi a companhia La Estrella, representante da Merex AG, empresa alemã que vendia armamentos e funcionava igualmente como um braço do BND no exterior. Em apenas um ano, entre 1963 e 1964, a Merex havia constituído escritórios na Europa, na Ásia, no norte da África e na América Latina, inclusive no Rio de Janeiro.

Os contatos da Merex na América Latina foram conduzidos por um ex-general do Exército nazista, Walter Drück, que era agente do BND. No Paraguai, Drück fez contato com o ex-piloto Hans-Ulrich Rudel, o mais condecorado militar nazista. Rudel tornou-se um bem-sucedido empresário depois da guerra e também ajudou a desenvolver a La Estrella. Foi Rudel quem apresentou Drück a outro ex-nazista notório, o falsário Friedrich Schwend, que havia sido responsável pela execução do plano de Hitler de inundar a Grã-Bretanha com dinheiro falso durante a guerra. Schwend – que colaborou com o serviço de contraespionagem americano na Áustria e na Itália depois da guerra e usou a Ratline para chegar à América Latina – abriu as portas dos serviços de inteligência do Peru, onde vivia, para Drück e a Merex. Na mesma época, Drück fez contato com Klaus Barbie, que vivia na Bolívia, transformando-o em representante da Merex naquele país.

Todos esses ex-nazistas se associaram para transformar a La Estrella em fachada para as ações clandestinas da Merex na América Latina, por meio das quais foram abastecidos de armas a Bolívia e o Peru – que chegou a receber dela 14 aviões de guerra, em 1966. Foram os tanques vendidos pela Merex aos bolivianos que serviram aos militares para dar ao menos dois golpes de Estado, em 1971 e em 1980.

Na Argentina, o representante da Merex era o ex-oficial da SS Wilhelm Sassen, que também trabalhava para o ditador paraguaio Alfredo Stroessner. A Merex também forneceu armamentos para o general chileno Augusto Pinochet antes que este se tornasse ditador, em 1973.

Sassen igualmente se associou à La Estrella, assim como Otto Skorzeny, o coronel da SS especialista em fugas e resgates – seu nome se tornou uma lenda ao libertar o ditador Benito

Mussolini das mãos dos Aliados após a rendição da Itália, em 1943. Skorzeny foi muito útil no recrutamento de espiões para a organização que serviu como embrião do BND e, embora vivendo na Espanha, teve grande influência na Argentina, onde estabeleceu sólidas relações com Juan Domingo Perón e, assim como Barbie e outros, pretendia plantar no continente a semente de um "Quarto Reich".

Esse sonho delirante pareceu real quando os nazistas encontraram em Perón um grande simpatizante. Perón transformou a poderosa Argentina em um refúgio ideal para os egressos do Terceiro Reich, não só em razão do perfil europeu do país, mas principalmente pela disposição do governo peronista de ajudá-los, por afinidade ideológica e também por interesse em obter de alguns deles a *expertise* necessária para modernizar as Forças Armadas argentinas – e, quem sabe, obter a bomba atômica.

Em razão disso, a Argentina permitiu a entrada de ao menos 32 notórios criminosos nazistas – alemães e austríacos – depois da guerra. O historiador americano Uki Goñi fala em até 280 nazistas.[18]

E não eram nazistas quaisquer. Este livro trata especificamente, por exemplo, de Adolf Eichmann, o responsável pela arquitetura do genocídio dos judeus europeus, por seu papel na guerra e porque sua história no exílio, culminando em seu sequestro por um comando do Mossad, o serviço secreto israelense, para ser julgado em Israel, é digna de romance de espionagem. Mas vários outros nazistas importantes, pivôs de terríveis atrocidades, desfrutaram da segurança e das oportunidades políticas e de negócios na Argentina.

Um exemplo é o de Erich Priebke, capitão da SS que liderou o massacre das Fossas Ardeatinas – em 24 de março de 1944, com a guerra já praticamente perdida, Priebke ordenou que seus subordinados fuzilassem 335 civis italianos em Roma, como represália a um ataque a soldados nazistas. Preso pelos americanos depois da guerra, nunca escondeu nem seu nome nem o que havia feito. Conseguiu fugir para a Argentina pela Ratline.

O superespião nazista Otto Skorzeny aguarda seu julgamento em Nuremberg: depois de fugir da prisão, prestou valiosos serviços para a inteligência alemão-ocidental, além de ajudar nazistas a fugir para a América Latina.

United States Holocaust Memorial Museum, courtesy of National Archives and Records Administration, College Park

Na Argentina, sempre usando seu nome verdadeiro, passou vários anos na tranquilidade de Bariloche, cidade com ares bávaros que tinha grande número de alemães e de nazistas. Foi lá que Priebke acabou encontrado, em 1994, por uma equipe da TV americana ABC, que fez com ele uma reportagem reveladora. Priebke admitiu os crimes, mas deu a desculpa de todos os nazistas: estava apenas cumprindo ordens, e aquilo, afinal, era uma guerra, em que coisas terríveis sempre acontecem. "Nós não cometemos um crime", diz ele na reportagem, em que comenta com perturbadora tranquilidade suas ações naquele dia.[19]

Somente dois anos mais tarde, em 1996, Priebke foi extraditado para ser julgado na Itália. Ele contou com uma grande equipe de advogados, bancados por uma rede de assistência tocada por neonazistas europeus, e chegou a processar veículos de comunicação e jornalistas que se dedicaram a destrinchar sua história. Em 1998, foi condenado à prisão perpétua, mas cumpriu a pena em casa, em razão de sua idade avançada. Quando morreu, em outubro de 2013, aos 100 anos, nenhum país aceitou enterrá-lo. Após semanas de discussão, Priebke finalmente foi sepultado no jardim de uma prisão italiana não identificada.

Priebke viveu muito bem na Argentina até que um motivo fortuito, acidental, acabou com sua tranquilidade. Sua história é muito parecida com a de vários outros nazistas no país, que não foram incomodados porque uma parte expressiva da sociedade argentina demonstrou, naquela época, notável tolerância – para não dizer admiração – pelo fascismo, antes ainda que Perón chegasse ao poder. E demonstrou também natural inclinação ao antissemitismo, sob os auspícios de importantes representantes da Igreja Católica argentina. Um deles foi o padre Julio Meinvielle, autor de vários livros de sucesso, entre os quais *O judeu no mistério da História*, de 1936. Nessa obra, que teve diversas reedições, com o *imprimatur* da Igreja até pelo menos 1976, e que continua a ser publicada na Argentina, Meinvielle faz críticas ao paganismo nazista, mas considera que os judeus formam um povo pérfido, que deveria ser alijado da sociedade argentina, exatamente como estavam fazendo os nazistas: "Os cristãos, que não podem odiar os judeus, que não podem persegui-los nem impedir que eles vivam [...], devem, não obstante, precaver-se contra a periculosidade judaica. Precaver-se como quem se precavê dos leprosos."[20] Esse pensamento de Meinvielle nem de longe era exceção na Argentina.

A atitude da Argentina em relação ao Terceiro Reich era, portanto, pelo menos ambígua e permitiu que, ao longo da guerra, com participação de gente do governo, fosse preparada a rota de fuga dos nazistas para o país. O pivô dessa aproximação foi Juan Carlos Goyneche, um nacionalista católico que tinha bom trânsito na alta cúpula nazista. Mas o operador do esquema foi Carlos Fuldner, um ex-capitão da SS, argentino filho de imigrantes alemães. Fuldner foi chamado pela cúpula nazista remanescente, perto do final da guerra, para ajudar a organizar a fuga dos hierarcas. Em abril de 1945, documentos falsos já estavam sendo providenciados para salvar a maior parte dos chefes do Terceiro Reich. Eles contavam com a estrutura montada por Fuldner e seus comparsas, auxiliados por sacerdotes da Igreja Católica, tanto no Vaticano quanto na Argentina, e por gente do governo de Perón – com pleno conhecimento e eventual participação do próprio caudilho.

Uma vez no poder, Perón tratou de estreitar os laços com os nazistas. A ideia era criar, a partir da Argentina, um bloco de nações sul-americanas pró-Hitler para fazer um contraponto ao Brasil, então alinhado com os Estados Unidos. Uma mensagem para o GOU (Grupo de Oficiais Unidos, uma organização secreta criada dentro do Exército argentino), atribuída a Perón, em 1943, diz que "a luta de Hitler na paz e na guerra nos servirá de guia".[21] Não está claro se se tratava de uma confissão de afinidade ideológica com o nazismo ou se Perón, ali, expressava sua admiração, de resto disseminada nas diversas Forças Armadas latino-americanas, pela disciplina e a determinação do Exército alemão, representado naquela ocasião pelos nazistas.

Seja como for, essa e outras manifestações favoráveis ao Terceiro Reich ajudaram a consolidar a imagem de um regime que, se jamais fez um acordo explícito com Hitler, não fez nada para impedir que estivesse identificado fortemente com ele. E que só rompeu definitivamente com o Terceiro Reich em 26 de janeiro de 1944, quando a guerra já estava perdida para a Alemanha, e só declarou guerra ao Eixo em 27 de março de 1945, um mês antes da morte de Hitler.

Em gravações que fez a título de preservar sua memória, Perón disse que ajudou os nazistas em razão de seu sentido de "justiça", uma forma de desagravo àqueles que, em sua visão, estavam pagando por crimes que todos, inclusive os Aliados, haviam cometido na guerra. Declarou Perón: "Em Nuremberg, realizou-se então algo que eu, a título pessoal, julgava como uma infâmia e como uma funesta lição para o futuro da humanidade. E não só eu, mas todo o povo argentino. Tive a certeza de que os argentinos consideravam o processo de Nuremberg como uma infâmia, indigna dos vencedores, que se comportavam como se não fossem. Agora estamos nos dando conta de que mereciam ter perdido a guerra. Quantas vezes, durante meu governo, pronunciei discursos contra Nuremberg, monstruosidade que a História não perdoará!"[22]

Foi com essa mentalidade que, uma vez vencedor das eleições de 1946, Perón autorizou a imigração de dezenas de nazistas, para protegê-los de julgamentos que o caudilho considerava intrinsecamente injustos. Perón ordenou que os processos de imigração desses oficiais, muitos deles rematados criminosos de guerra, fossem agilizados – isso tudo a despeito do fato de que a Argentina havia firmado a Ata de Chapultepec (1945), por meio da qual os países signatários se comprometiam a barrar a entrada desses criminosos.

É bem verdade que a Argentina estava sob intensa pressão dos Estados Unidos não só para aderir ao tratado como para declarar guerra ao Eixo. Como calculou que ali se apresentava uma chance de romper o isolamento argentino imposto pelos americanos, Perón aceitou as condições – mas é evidente, como mostra seu comportamento posterior, que a assinatura de seu representante na Ata de Chapultepec tinha escassa validade. Ademais, os próprios americanos sabiam que a Argentina estava considerando a ata, na prática, como letra morta, mas fizeram vista grossa –, entre outras razões porque os Estados Unidos, na sua guerra contra o mundo comunista, também estavam importando seus nazistas.

E não eram apenas nazistas alemães que estavam encontrando guarida na Argentina. Havia criminosos de guerra de diversas nacionalidades europeias, todos dedicados colaboradores do Terceiro Reich – e todos dispostos a lutar contra as democracias e os comunistas numa Terceira Guerra que eles consideravam iminente.

A comunidade formada pelos nazistas na Argentina viveu muito bem, especialmente no elegante bairro de Palermo Chico, em Buenos Aires, e chegou a ter uma revista mensal para difundir suas ideias, a *Der Weg* (O Caminho). Editada por Eberhard Fritsch, outro asilado nazista sob os auspícios de Perón, a *Der Weg* publicava artigos que, em resumo, defendiam que o Terceiro Reich foi mal compreendido e merecia uma segunda chance. Um dos expoentes da revista era Hans-Ulrich Rudel, o já citado herói de guerra nazista, responsável, a partir de 1947, pelo tom mais raivoso da publicação. Mas a revista tinha vários outros importantes colaboradores, inclusive de fora da Argentina, como o líder fascista britânico Oswald Mosley.

A *Der Weg* circulava livremente na Alemanha e somente em 1949 o governo a baniu – mas ela continuou a chegar de forma clandestina às mãos de seus 3 mil assinantes alemães. A editora da *Der Weg*, Dürer Verlag, de Buenos Aires, publicou também o livro de Hitler, *Mein Kampf*, e as memórias de diversos veteranos nazistas.

Como se vê, os nazistas se sentiam em casa em vários lugares da América Latina, nutrindo até mesmo planos para a redenção do Terceiro Reich, além de organizar-se para colaborar com as ditaduras da região e, eventualmente, ganhar dinheiro e poder traficando armas e ensinando os militares a perseguir e torturar seus oponentes. Foi o encontro perfeito entre a mentalidade totalitária dos discípulos de Hitler – cujos crimes os credenciavam como eficientes executores do serviço sujo demandado pelos militares da região – com a obsessão da luta contra o comunismo. Poucas vezes a história latino-americana atingiu um ponto tão baixo, mas é bom que se frise: como já é possível perceber, a América Latina não foi, nem de longe, o único lugar em que esse conluio espúrio se realizou. Como veremos nos capítulos a seguir, muitos nazistas, autores de monstruosas atrocidades, não apenas evitaram o devido julgamento pelo que fizeram, mas também encontraram paz e tranquilidade no exílio, escarnecendo da humanidade que eles tanto aviltaram.

NOTAS

[1] Sanfilippo, Matteo. Los Papeles de Hudal como Fuente para la Historia de la Migración de Alemanes y Nazis después de la Segunda Guerra Mundial. *Estudios Migratorios Latinoamericanos*, 1999, p. 12.

[2] Lichtblau, Eric. Introdução. *The Nazis Next Door - How America Became a Safe Haven for Hitler's Men*. Boston: Mariner Books, 2015, s.n.

[3] Carta do presidente Truman ao general Eisenhower sobre o tratamento dos refugiados judeus na zona de ocupação americana. United States Holocaust Memorial Museum.

[4] Wilford, Hugh. *The Mighty Wurlitzer: How the CIA Played America*. Cambridge: Harvard University Press, 2008, p. 30

[5] Lichtblau, Eric. Op. cit., p. 13.

[6] Jacobsen, Annie. *Operation Paperclip: The Secret Intelligence Program that Brought Nazis Scientists to America*. New York: Little, Brown and Company, 2014, p. 249.

[7] Trial of the Major War Criminals Before the International Military Tribunal. Nuremberg, 14 de novembro de 1945 a 1º de outubro de 1946, v. 25, p. 18.

[8] Idem, p. 14-15.

[9] Allen Jr., Charles. "Nazi War Criminals Living Among Us". *Jewish Currents*, janeiro de 1963, p. 5.

[10] Testemunho de Elizabeth Holtzman sobre o H.R. 4007 – "The Nazi War Crimes Disclosure Act" before the Subcommittee on Government Management Information and Technology of the House Committee on Government Reform and Oversight. Biblioteca do Congresso dos Estados Unidos, sem página.

[11] Sereny, Gitta. *O trauma alemão: experiências e reflexões – 1938-2000*. Rio de Janeiro: Bertrand Brasil, 2007, p. 85.

[12] Idem, p. 88.

[13] Arendt, Hannah. *Eichmann em Jerusalém*. São Paulo: Companhia das Letras, 1999, p. 129.

[14] Idem, p. 144.

[15] Idem, p. 146.

[16] Rogers, Daniel E. "Restoring a German Career, 1945-1950: The Ambiguity of Being Hans Globke". *German Studies Review*, v. 31, n. 2, maio de 2008, p. 311.

[17] Levy, Richard S. *Antisemitism: A Historical Encyclopedia of Prejudice and Persecution*. Santa Bárbara: ABC-Clio, 2005, v. 1, p. 753.

[18] Goñi, Uki. *La Autentica Odessa: Fuga Nazi a la Argentina*. Buenos Aires, Uki Books, 2015, posição 152.

[19] A reportagem está disponível em: <http://abcnews.go.com/International/video/nazi-captain-erich-priebke-found-ABC-news-20575216>. Acesso em maio de 2016.

[20] Meinvielle, Julio. *El Judío en El Mistério de la História*. Buenos Aires: Gladius, 1940, p. 18.

[21] Galado, Norberto. *Perón: Formación, Ascenso y Caída*, Volume 1, 1893-1955. Buenos Aires: Colihue, 2005, p. 147.

[22] Goñi, Uki. Op. cit., posição 3077.

KLAUS BARBIE
um sádico muito útil

Klaus Barbie, alcunhado "O Açougueiro de Lyon", deveria ter enfrentado a Justiça logo que a Segunda Guerra Mundial acabou. Afinal, como veremos, esse alemão nascido em 1913 em Bad Godesberg simbolizou um tipo muito particular de nazista: o que cumpria suas criminosas tarefas com prazer sádico. Ao contrário da percepção popular, não é comum encontrar, na historiografia do nazismo, exemplos de psicopatas como Barbie. Pode-se dizer que a maioria absoluta dos que participaram das atrocidades nazistas não era feita de loucos ou de gente naturalmente cruel. Ao contrário: a SS, vanguarda do projeto genocida nazista, punia ou censurava os membros que demonstrassem traços de perversidade ou de desequilíbrio – afinal, o empreendimento de varrer os judeus da Europa deveria ser conduzido com o máximo de profissionalismo, sem margem para o voluntarismo dos insanos. Barbie, no entanto, era eficiente o bastante para que seu sadismo não fosse levado em conta por seus superiores.

O carrasco desenvolveu e aperfeiçoou terríveis técnicas de tortura e de sevícias contra aqueles que tiveram o azar de cruzar seu caminho quando ele desempenhava suas funções na Gestapo, a polícia política do Terceiro Reich, e em nenhum momento demonstrou arrependimento ou desconforto com seu trabalho. Mesmo décadas depois da guerra, nem Barbie nem ninguém de sua família admitia qualquer responsabilidade pelo que havia acontecido. Em mais de uma oportunidade, nas entrevistas que deu sobre o caso de seu pai, a filha de Barbie, Ute Messner, dizia não entender por que ele era chamado de "carniceiro" ou "açougueiro". Segundo ela, o pai amava os filhos e os netos, brincava com eles, contava-lhes histórias e tocava piano para entretê-las.

A realidade, porém, era muito diferente. As vítimas que tiveram a sorte de sobreviver relataram como Barbie se divertia, exercendo o poder de causar o máximo possível de dor àqueles que, de acordo com os arbitrários critérios das autoridades nazistas, deveriam ser considerados inimigos – mesmo que fossem mulheres e crianças absolutamente indefesas. Em um dos casos, enquanto Barbie torturava a vítima, um pianista tocava uma valsa de Chopin.

Apesar disso tudo, somente quarenta anos depois de seus crimes Barbie foi levado a julgamento. A intolerável demora se deve a uma combinação de incompetência, confusão no pós-guerra e, principalmente, desinteresse das potências ocidentais de puni-lo. Barbie pôde viver uma vida de relativo conforto no exílio, período durante o qual o nazista prestou serviços para os governos dos Estados Unidos e do Reino Unido, interessados em usar seus supostos conhecimentos, e os de outros nazistas a ele associados, sobre os comunistas alemães, além de explorar suas brutais técnicas de interrogatório no esforço para ter alguma vantagem na Guerra Fria. A própria fuga de Barbie da Europa depois da guerra só foi possível porque aos americanos interessava protegê-lo, a exemplo do que já estava sendo feito com vários outros remanescentes do regime hitlerista.

Em todo esse tempo, até sua prisão, Barbie se escondeu sob o sobrenome "Altmann" – o mesmo sobrenome de um rabino que ele conhecera em sua terra natal, uma escolha que demonstra seu terrível senso de humor.

VOCAÇÃO PARA A VIOLÊNCIA

Nascido em 1913, na região alemã do Sarre, Barbie, filho de professores, era bem-visto por todos. Seu pai, Nikolaus, também era respeitado, mas apenas quando não bebia. Uma vez que estivesse embriagado, Nikolaus transformava-se num homem violento e temido, que não se importava em espancar quem estivesse pela frente. Sua mulher, Anna, ao contrário, normalmente só se fazia notar quando rezava. O casal Nikolaus e Anna teve o filho Klaus antes de formalizar seu casamento, o que causou certo embaraço para a família no começo e, segundo alguns historiadores, ajudou a moldar a personalidade controversa de Barbie. "Ao se perceber filho bastardo, e portanto fora da linha de sucessão parental, Barbie sentiu que não tinha lugar no mundo", escreveu o jornalista e historiador Ted Morgan.[1]

A tese psicológica evidentemente é problemática; afinal, se todos os neuróticos do mundo resolvessem solucionar seus problemas cometendo crimes, a humanidade se consumiria numa matança sem fim. É possível que a condição de bastardo tenha desempenhado algum papel nas atitudes posteriores de Barbie, mas é mais provável que seu comportamento criminoso tenha resultado em especial de uma vocação para um "trabalho" que requeria a mais absoluta indiferença em relação às vítimas.

Barbie tinha todos os traços característicos de um psicopata – em especial a total ausência de remorso. Também deve ter sido decisivo o fato de que a região onde Barbie cresceu vivia em ebulição política, notadamente contra os franceses, que passaram a controlá-la depois da traumática Primeira Guerra Mundial. A ferocidade de Barbie contra os franceses, que se manifestaria não muito tempo depois, na Segunda Guerra, pode ter nascido dessa relação conflituosa em sua juventude.

Klaus Barbie tinha um irmão, Kurt, que morreu cedo, aos 33 anos. Para os vizinhos, foi melhor assim: tratava-se de um doente mental – como aqueles que mais tarde os nazistas, como Barbie, dariam cabo no famigerado programa de eutanásia ordenado pelo ditador Adolf Hitler. Mas Barbie, de qualquer forma, sentiu muito a morte do irmão.

Quando estudante, o carismático Barbie era considerado um líder nato por seus colegas de escola. Além disso, teve excelente desempenho, sempre com boas notas. Era um católico devoto e, segundo os amigos, pretendia tornar-se padre.

No entanto, assim que o nazismo chegou ao poder, em 1933, Barbie, então com 19 anos, pareceu ter encontrado sua verdadeira vocação: serviu como espião para o novo regime em sua escola e, em seguida, alistou-se na SS, a tropa de elite nazista, passando a integrar a SD, a poderosa organização encarregada de identificar e punir os inimigos políticos do Terceiro Reich – judeus, comunistas e subversivos em geral.

Especializou-se desde cedo em técnicas de interrogatório, que o tornariam relativamente famoso e temido. De um rapaz que vinha sendo educado para ser um ilustrado liberal de classe média, passou a ser um homem que se atirou de corpo e alma na ideologia da ralé nazista – que oferecia um lugar no mundo para gente que se sentia deslocada, como Barbie. Sem direito à herança da família, Barbie entrou na carreira oferecida pelo Terceiro Reich, cuja ascensão não dependia de diplomas acadêmicos – menosprezados pelos nazistas.

Sua primeira missão foi na Holanda, onde foi muito bem-sucedido na tarefa de descobrir judeus escondidos. Em seguida foi mandado para Lyon, na França, onde desempenharia o importante cargo de chefe da Gestapo. A cidade, cujo nome se associaria indelevelmente a Barbie e que era um dos principais centros da Resistência Francesa, testemunharia sua imensa capacidade de espalhar o terror entre aqueles que o regime nazista pretendia eliminar – e que eram chamados de "terroristas" pelo Terceiro Reich. Suas vítimas são unânimes em dizer que Barbie parecia ter prazer em infligir dor. Entre as técnicas que usava para torturar seus prisioneiros estavam o mergulho em água gelada e a injeção de ácido.

Seus bons serviços à causa nazista foram amplamente reconhecidos pelos altos hierarcas do regime. Heinrich Himmler, o chefe da SS, enviou-lhe uma carta em que o cumprimentava pelos "especiais avanços no terreno da criminologia".[2]

Além dessas qualidades, Barbie foi o responsável pelo envio de ao menos 10 mil judeus franceses para Auschwitz, um trabalho que foi imensamente facilitado pela disposição de muitos franceses de entregar seus compatriotas, judeus ou membros da Resistência às forças de ocupação. Esse papel ambíguo da população francesa certamente atrasou os processos contra os colaboradores dos nazistas muito depois da guerra – uma parte da opinião pública na França considerava que processar Barbie e outros nazistas seria um exagero e que esses idosos senhores deveriam ser deixados em paz.

Barbie, funcionário de escalão inferior da hierarquia nazista, só começou a se tornar importante politicamente na França depois da guerra porque sua principal vítima foi Jean Moulin, um dos grandes líderes da Resistência Francesa, transformado em herói nacional pelo general Charles de Gaulle. Não fosse por isso, Barbie seria confundido com os anônimos torturadores que haviam trabalhado para a Gestapo por toda a Europa, e muito possivelmente permaneceria incógnito em seu exílio sul-americano.

Contudo, Barbie foi responsável por um crime muito mais grave, que, em razão de sua notoriedade como torturador em

Lyon e como algoz de Jean Moulin, costuma ser relegado ao segundo plano em sua biografia. Trata-se da terrível deportação de 44 crianças judias que estavam escondidas em um orfanato no vilarejo de Izieu, nos arredores de Lyon.

Os meninos e as meninas eram filhos de guerrilheiros e de judeus que sabiam que, cedo ou tarde, poderiam cair nas garras dos nazistas e queriam ao menos salvar as crianças da morte certa. O orfanato foi organizado em 1943. Um ano depois, numa operação comandada pessoalmente por Barbie, o local foi tomado de assalto pelos nazistas. Armados e truculentos, eles dominaram as crianças, que tinham entre 3 e 13 anos e, protegidas apenas por um casal de ex-enfermeiros da Cruz Vermelha, obviamente não tinham nenhuma chance de se defender.

Essas crianças foram deportadas para Auschwitz e todas, menos uma, foram imediatamente assassinadas nas câmaras de gás. Em 1944, num documento da Gestapo, Barbie informou, com a fria linguagem característica da burocracia nazista, que o orfanato havia sido "liquidado". Poucas barbaridades cometidas na Segunda Guerra são tão representativas da ideologia nazista, da qual Barbie compartilhou com entusiasmo, sem uma sombra de arrependimento ou remorso, até o último de seus dias.

Todos sabiam quem era ele

Depois da guerra, Barbie jamais aceitou o fato de que a Alemanha nazista havia sido derrotada. Quando estava claro que os Aliados venceriam, tratou de empreender sua fuga não apenas para se salvar, mas para, de alguma maneira, tentar retomar os criminosos projetos de Hitler em outro lugar. Com seu cinismo patológico, não lhe foi difícil assumir diversas identidades para se safar. E ele não estava sozinho. Com facilidade, encontrou companheiros com os quais pôde estabelecer uma rede de contatos para manter viva a chama do nazismo e também contou com a preciosa leniência dos americanos.

Em 1944, ante o avanço dos Aliados, fugiu da França para a Alemanha, não sem antes ter ordenado que todos os mais de 600 presos sob sua custódia em Lyon fossem deportados para campos de extermínio. Passou por alguns maus bocados naquela época. Sem uniforme, para não ser identificado, sobreviveu quase como mendigo nos dois anos seguintes. Mas, como vimos, sua especialização em arrancar informações de presos e sua disposição para trabalhar contra os comunistas no pós-guerra tornaram-se chave para que lhe oferecessem emprego nas organizações ocidentais de espionagem.

Os americanos demonstraram especial interesse nos serviços de Barbie e de outros nazistas, facilitando-lhes a vida desde o final da guerra. Houve tentativas de capturar os nazistas que eventualmente estavam atuando na clandestinidade – sabe-se que Barbie, por exemplo, continuou a matar resistentes e judeus mesmo quando Lyon já estava caindo nas mãos dos Aliados –, mas as forças americanas jamais se empenharam para valer. A documentação disponível sugere que os americanos tinham plena ciência de que possivelmente muitos entre seus colaboradores alemães haviam feito coisas inconfessáveis durante a guerra, mas o procedimento para superar eventuais obstáculos de consciência era simples: apelar à cegueira intencional. Isto é, os americanos não se esforçaram para saber com quem estavam lidando, embora tivessem total consciência de que havia grande chance de que entre eles estivessem muitos carrascos com sérias contas a acertar com a Justiça. Desse modo, os americanos poderiam, caso questionados a respeito, negar que soubessem que se tratava de criminosos de guerra. A tática funcionou para efeitos legais, mas é evidente que, do ponto de vista moral, essa será para sempre uma mácula na política externa dos Estados Unidos, mesmo considerando-se as demandas da Guerra Fria.

Liderada pelo CIC (Counterintelligence Corps, o serviço de contraespionagem do Exército dos Estados Unidos), a operação que visou capturar especificamente Barbie foi deflagrada em fevereiro de 1947 na cidade de Marburgo, região central da Alemanha, onde ele estava morando depois da guerra. Barbie, que na época se fazia passar por "Klaus Becker", uma de suas tantas falsas identidades, conseguiu fugir sem dificuldade. Foi capturado pouco depois em Hamburgo, por forças do Reino Unido, mas também não demorou muito para que Barbie se livrasse dos britânicos.

Em abril de 1947, acabou contratado pelos serviços de inteligência americanos, que ficaram impressionados com suas habilidades para conduzir interrogatórios e pelo suposto conhecimento que ele tinha das estratégias dos comunistas alemães e franceses. Sua primeira tarefa foi arregimentar ex-integrantes da Gestapo para que se infiltrassem no KPD, o Partido Comunista Alemão, numa operação chamada "Projeto Felicidade" – em que a felicidade, no caso, era a dos nazistas, que recebiam em troca de seu trabalho dinheiro e promessas de imunidade, além de ajuda para seus familiares. Nesse tempo, Barbie ficou confortavelmente instalado num apartamento bávaro, junto com a família, à custa do contribuinte americano.

O feroz idealismo de Barbie, nazista e anticomunista, ajudou a convencer os americanos de que ali estava um agente pronto para cumprir suas tarefas sem hesitação. Ele trabalhou para os Estados Unidos por quatro anos, durante os quais pôs à disposição dos americanos sua extensa rede de contatos Europa afora, todos empenhados em combater os soviéticos e os comunistas em geral. Ali, Barbie revelaria sua outra grande habilidade: além de torturador eficaz, era também um bom organizador, capaz de articular diferentes pessoas em diferentes lugares para fazer negócios e realizar operações que em geral eram clandestinas.

Os americanos sabiam perfeitamente quem era Barbie. Seu nome constava do Crowcass, o registro dos criminosos de guerra nazistas. Além disso, um documento francês de 1944, compartilhado com o governo dos Estados Unidos, descrevia em detalhes a personalidade e o trabalho de Barbie e atestava que ele havia sido particularmente brutal com suas vítimas. Em seguida, logo depois da guerra, a França denunciou Barbie à Comissão de Crimes de Guerra da ONU, acusando-o de assassinatos, torturas, terrorismo e vários outros crimes. Em 1948, foram incluídas novas acusações. Foi mais ou menos por essa época que Barbie ganhou seu apelido, o "Açougueiro de Lyon", e todas as imputações contra ele fizeram parte de um documento arquivado na representação americana em Berlim em 1953.

Portanto, é impossível que a CIC não soubesse do trabalho de Barbie, especialmente de seu papel no assassinato, após intensa tortura, do grande líder da Resistência Francesa, Jean Moulin. A morte de Moulin e a acusação contra Barbie haviam sido amplamente noticiadas na época pela imprensa comunista, porta-voz do movimento que a CIC estava empenhada em sufocar. Logo, seria ingenuidade acreditar na alegação de ignorância dos serviços de inteligência americanos.

Ademais, os próprios funcionários da CIC envolvidos no recrutamento dos alemães depois da guerra logo ficaram sabendo quem era Barbie e reportaram sua descoberta a seus superiores. Receberam como resposta a ordem de ficarem calados.

O contexto da colaboração do Açougueiro de Lyon era evidente: tratava-se, como vários outros nazistas, de um bom informante sobre a Alemanha, país que, depois da guerra, encontrava-se parcialmente ocupado pelos soviéticos. Para Washington, qualquer esforço para conter o perigo comunista não era suficiente, razão pela qual a ninguém ocorreu que recrutar nazistas, ainda mais um nazista com o perfil sádico e psicopata de Barbie, fosse moralmente reprovável, para dizer o mínimo. Enquanto ele foi considerado útil, estava fora de questão entregá-lo aos franceses para que fosse julgado pelos seus terríveis crimes.

Mesmo a Alemanha pouco se empenhou em levar Barbie à Justiça. Um processo aberto contra ele em Munique em 1960 foi arquivado em 1971 porque a Procuradoria considerou não haver provas de que Barbie soubesse que o destino dos judeus france-

ses que ele ajudou a deportar para campos de extermínio era a
morte certa, algo que era suficientemente claro àquela altura não
apenas para as vítimas, mas principalmente para os carrascos.

Mas o envolvimento da Alemanha com Barbie após a guerra ia muito além da simples omissão. Sob o codinome "Adler"
(águia, em alemão), o temido carrasco foi funcionário do serviço
secreto alemão-ocidental, o BND (Bundesnarichtendienst), liderado por Reinhard Gehlen. Ex-chefe de uma unidade de inteligência militar para o Leste durante a guerra, Gehlen especializara-se
em extrair informações de prisioneiros de guerra soviéticos –
se colaborassem, os presos receberiam alimento; se resistissem,
morreriam de fome. Seus métodos, portanto, não diferiam muito, em sadismo e desumanidade, dos adotados por Barbie.

Gehlen acabou caindo em desgraça no Terceiro Reich
quando elaborou relatórios que indicavam os problemas que
os nazistas estavam tendo em sua campanha na União Soviética – e, como se sabe, Hitler não gostava de assessores que lhe
dissessem a verdade sobre o fiasco da sua ofensiva no Leste.
Até que isso acontecesse, no entanto, ele foi o responsável por
arrancar informações dos prisioneiros russos, deixando-os
morrer de inanição caso não cooperassem.

Depois da guerra, Gehlen foi recrutado pelos Estados Unidos para espionar os soviéticos. Nesse trabalho, montou uma
rede composta por ao menos uma centena de nazistas de vários
quilates. Barbie estava entre eles, e sua função primordial era
recrutar outros de seus ex-colegas Europa afora. A chamada
"Organização Gehlen", basicamente nazista, só era clandestina para o resto do mundo – os serviços secretos ocidentais
não apenas sabiam de sua formação como fizeram largo uso
de seus préstimos, que consistiam em ajudar a desestabilizar
organizações e partidos de esquerda, impedindo-os de chegar
ao poder muitas vezes por meio de terrorismo e assassinatos
políticos. Essa rede acabou construindo o embrião do serviço
de espionagem da Alemanha Ocidental, que Gehlen chefiaria

até 1968 e para o qual Barbie trabalharia até 1966 – quando foi dispensado depois que a Alemanha reduziu seu interesse pela América Latina, não sem antes lhe garantir tranquilidade, ao impedir que o BND informasse às autoridades judiciais alemãs sobre o paradeiro do carrasco.

É difícil saber o quanto esses nazistas que trabalharam para os americanos e os alemães depois da guerra lhes foram realmente úteis. Há razoáveis suspeitas de que esses criminosos tenham feito relatórios especialmente alarmistas para seus empregadores, na expectativa de que isso aumentasse a paranoia ocidental em relação aos comunistas e, assim, os serviços secretos do chamado "mundo livre" continuassem a lhes dar trabalho e a lhes pagar generosos salários.

Já os franceses, logo depois da guerra, pretendiam levar Barbie a um tribunal, mas não como criminoso, e sim como testemunha no julgamento de René Hardy, o homem acusado de trair o líder da Resistência Jean Moulin – que havia sido assassinado por Barbie em Lyon. Nessa altura, os franceses sabiam que tão cedo não conseguiriam julgar o nazista, porque este estava trabalhando para os Estados Unidos e tinha livre trânsito na zona americana da Alemanha. Washington autorizou o testemunho de Barbie, desde que este não fosse ao tribunal de Paris. Ele teria de dar seu depoimento na Alemanha.

Barbie estava tranquilo porque, além da proteção americana, ele contava com as informações privilegiadas que lhe eram repassadas por Andre François-Poncet, ex-embaixador da França na Alemanha nazista e que, depois da guerra, fora nomeado alto comissário francês para a Alemanha ocupada, além de dirigir a Cruz Vermelha Internacional. François-Poncet não era uma fonte qualquer. Segundo o jornalista americano William Shirer, tratava-se do diplomata de um país democrático que tinha tido o melhor trânsito com Hitler – logo, era também o mais bem informado.[3] François-Poncet havia ajudado os Estados Unidos a retirar da Europa os nazistas que os americanos

julgavam valiosos, arranjando-lhes passaportes da Cruz Vermelha. Não era uma relação qualquer. Barbie havia procurado
François-Poncet quando estava em busca de ex-nazistas dispostos a integrar sua rede, e foi atendido pelo diplomata, sem
que este fizesse qualquer menção de entregá-lo às autoridades
francesas para que respondesse pelos crimes que cometeu. A
relação entre os dois está citada no relatório produzido pela
Procuradoria-Geral dos Estados Unidos a respeito do trabalho
de Barbie para o governo americano.[4]

Mais tarde, no início de 1950, a França pressionou os Estados Unidos para ter Barbie, graças à campanha dos remanescentes da Resistência. Encontrou, porém, forte oposição por parte
dos americanos. O relatório da Procuradoria-Geral afirma que
"Barbie era muito valioso para que o deixassem ir embora. [...]
Valioso demais porque ele havia deixado de ser um mero informante; ele havia se tornado, de fato, um agente".[5] Havia ainda
outro problema, de ordem prática: os americanos temiam que,
uma vez em poder dos franceses, Barbie fosse usado por Paris
para conhecer os segredos da contraespionagem dos Estados
Unidos, embora já tivessem percebido que nem todas as informações fornecidas por Barbie eram "quentes" e concluído que
seu valor como informante não era tão grande.

Em 4 de maio de 1950, um encontro no quartel-general do
CIC decidiu que "Barbie não pode ser entregue para os france-
ses".[6] Assim, a solução óbvia, para os americanos, era mandar
Barbie para bem longe da Europa, onde poderia ficar a salvo da
Justiça francesa e da constrangedora – para os Estados Unidos –
situação em que teria de relatar seu trabalho para a CIC.

Barbie, a exemplo de outros nazistas, usou a chamada
Ratline, o esquema organizado por membros de entidades
acima de qualquer suspeita, como a Cruz Vermelha e, principalmente, o Vaticano, para permitir a fuga de personagens
que eles consideravam valiosos para a luta anticomunista – e,
é claro, os ex-oficiais nazistas estavam no topo dessa lista. A
documentação da Cruz Vermelha e do Vaticano que permitiu

a fuga de Barbie foi providenciada pelo CIC e pelo sacerdote croata Krunoslav Draganović, um dos expoentes da Ratline e um fascista empedernido a serviço dos Estados Unidos. Os papéis obtidos por Draganović apresentavam Barbie com o nome que o identificaria até sua prisão, muitos anos mais tarde: Klaus Altmann.

Em 9 de março de 1951, com completo auxílio do CIC, inclusive com o destacamento de agentes para assessorá-los, Barbie/Altmann, sua mulher, Regine, sua filha de 9 anos, Ute Maria, e seu filho de 4 anos, Klaus Georg, embarcaram num trem em Augsburg para a Áustria. O CIC providenciou à família completa segurança nesse trecho da fuga. Da Áustria, os Barbie partiram para Gênova, de onde embarcaram num navio que os levaria para a América Latina.

A fuga de Barbie não significava o fim de seus laços com o serviço de inteligência americano. Estava claro que o nazista seguiria sendo funcionário e poderia continuar a trabalhar para os Estados Unidos se fosse esse o interesse americano na luta contra os comunistas – algo que, definitivamente, estava acima de qualquer consideração moral.

Na Bolívia, o doce exílio

A Bolívia foi escolhida por Barbie, em 1951, provavelmente porque se tratava de um destino distante dos radares dos caçadores de nazistas, mais preocupados em procurá-los na Argentina, notório santuário dos integrantes do Terceiro Reich.

Mesmo num país com as características exóticas da Bolívia, Barbie encontrou por lá muitos alemães simpatizantes do nazismo, que costumavam se reunir especialmente num clube alemão, em La Paz, onde podiam celebrar os velhos tempos. Ademais, o carrasco obteve ali a ajuda necessária para se estabelecer, possivelmente graças à rede internacional de auxílio para nazistas que atuaria em diversos outros casos.

Foi graças a essa solidariedade que Barbie logo arranjou um trabalho, como administrador de uma serralheria que pertencia a alguns judeus, em La Paz. Com seu sobrenome tipicamente judeu, aliás, Barbie conseguiu até mesmo fazer negócios com a pequena comunidade judaica da Bolívia – ao cabo de algum tempo, ele chegou a comprar a serralheria. Ao mesmo tempo, não se constrangeu em trabalhar com os índios bolivianos, a quem certamente continuava a considerar seres inferiores. Nunca expressou qualquer traço de racismo – e é possível imaginar a frieza necessária para tal comportamento, já que seu compromisso com os ideais do nazismo nunca arrefeceu. O imperativo da sobrevivência no exílio, no entanto, impunha sangue-frio e determinação para esconder seu passado e sua ideologia, um traço característico dos nazistas refugiados na América Latina e nos Estados Unidos no pós-guerra. A cautela fazia sentido: naquela mesma época, em 1952 e em 1954, Barbie foi condenado *in absentia* por tribunais franceses e sentenciado à morte.

Alguns anos mais tarde, em 1957, sentindo-se já bastante confortável na Bolívia, decidiu naturalizar-se boliviano – usando, para isso, documentos falsos providenciados pelo CIC. Era uma medida óbvia, diante do fato de que Barbie já estava bastante envolvido com alguns oficiais graduados das Forças Armadas bolivianas, o que provavelmente lhe abriria muitas portas. Ademais, sob qualquer aspecto, sua vida naqueles anos todos podia ser chamada, sem nenhum exagero, de normal – ele andava tranquilamente pelas ruas e, depois de uns drinques, não tinha receio de proferir discursos nazistas em locais públicos. Seu melhor amigo boliviano, Álvaro de Castro, o classificou como *bon vivant*.[7]

Mas essa não era uma normalidade que se possa chamar de comum. Na verdade, Barbie jamais teve uma existência normal. Sua estabilidade na Bolívia estava vinculada à sua participação na vida política nacional – não na superfície, onde atuam os cidadãos, e sim nos subterrâneos, onde atuam os que pretendem controlar o poder e tirar proveito disso.

Na Bolívia, o carrasco nazista Klaus Barbie
exibe a tranquilidade de um *bon vivant*.

Arquivo/Estadão Conteúdo

Em 1964, houve um golpe militar contra o governo do líder nacionalista Víctor Paz Estenssoro, e uma junta assumiu o comando do país, sob a liderança do vice-presidente, general René Barrientos – militar com formação nos Estados Unidos. Não por acaso, foi naquela época que a CIA retomou seus contatos com Barbie – que teria feito a ponte entre Barrientos e o aparato de inteligência americano. O momento era crucial para os interesses dos Estados Unidos na América Latina: Che Guevara preparava a guerrilha que começaria a atuar na região a partir do ano seguinte.

Che, líder guerrilheiro argentino a serviço da Cuba de Fidel Castro, chegou à Bolívia em 1966, tendo em seu encalço um substancial contingente de agentes da CIA, associados ao submundo da ditadura boliviana. Barbie se reuniu na ocasião com o chefe do comando americano encarregado de capturar Che, dando-lhes dicas de como lidar com os guerrilheiros, baseado em sua experiência de caçador e torturador de resistentes franceses durante a Segunda Guerra. Jamais ficou claro o quanto dessa colaboração de Barbie foi decisiva para o sucesso da operação que por fim capturou Che, em 1967, mas o carrasco nazista tratou de espalhar que suas sugestões tinham sido cruciais.

Barbie nunca teve Che em alta conta. Costumava dizer que, se tivesse lutado na Segunda Guerra, o argentino não teria sequer alcançado a patente de cabo – curiosamente, a mesma que Adolf Hitler, ex-chefe de Barbie, ostentava na Primeira Guerra. Para o nazista, aquele ícone da guerrilha latino-americana não merecia a admiração que o mundo lhe reservava.

Se há reticências a respeito da participação de Barbie no assassinato de Che Guevara, não restam dúvidas sobre a colaboração do nazista com a ditadura de Barrientos, para a qual ele ajudou a constituir um grupo responsável por identificar e perseguir esquerdistas bolivianos. Esse grupo chegou a planejar, mas não executar, um atentado contra o ex-presidente Víctor Paz Estenssoro, que estava exilado no Peru. Para essa operação, contava com a ajuda de amigos nazistas no Peru, em especial Friedrich Schwend – o falsário que se tornara notório por sua participação central na chamada Operação Bernhard, o complô nazista para inundar a Grã-Bretanha de dinheiro falso e assim arruinar sua economia.

Barbie e Schwend não atuavam somente colaborando para eliminar adversários de regimes ditatoriais. Além de fornecer informações a governos interessados em combater a subversão comunista, eles também participavam de uma organização informal de criminosos que traficavam armas e assessoravam ditadores com seus conhecimentos de tortura. Essa organização incluía o notório Hans-Ulrich Rudel, herói de guerra nazista, amigo de ditadores e caudilhos latino-americanos, como Alfredo Stroessner no Paraguai, Juan Domingo Perón na Argentina e Augusto Pinochet no Chile, além de ser líder de uma rede de auxílio para nazistas em fuga.

Essa organização tinha um fornecedor preferencial, a fabricante estatal austríaca de armas Steyr-Puch. Para facilitar o comércio ilegal dessas armas, Barbie convenceu o ditador boliviano René Barrientos a investir não apenas na formação de uma Marinha, mas também numa empresa de transporte marítimo, a Compañia Transmarítima Boliviana, da qual o nazista possuía parte das ações. A despeito de parecer um empreendimento exótico, pois, afinal, a Bolívia não tem saída para o mar, foi uma decisão esperta. A questão da saída para o mar era – e segue sendo – o principal tópico do nacionalismo boliviano, mobilizando as paixões de todos os cidadãos, independentemente da condição social e da origem étnica. Barbie explorou esse sentimento, obtendo doações de bolivianos, inclusive de crianças, para que a companhia pudesse comprar seu primeiro barco.

Enquanto isso, colocou a bandeira boliviana em barcos ao redor do mundo, para fazer o transporte clandestino de armas – e um dos clientes desse comércio ilegal, ironicamente, foi Israel, que na época só conseguia comprar armamentos no mercado negro, já que estava sob embargo internacional depois da Guerra dos Seis Dias (1967). Não há documentos mostrando que as autoridades do Estado judeu soubessem que do outro lado do balcão estavam alguns notórios nazistas, muitos deles responsáveis diretos pelo Holocausto.

Numa das ocasiões em que atuou como executivo da Transmarítima Boliviana, em 1970, Barbie chefiou uma delegação da empresa que foi a Paris, capital do país onde sua fama como carrasco nazista era indelével. Mas ele estava tranquilo e aproveitou bem sua estada, incluindo em seus passeios uma visita ao Pantheon, em cuja cripta repousam alguns dos mais importantes personagens da História francesa. Em seu frontão, que Barbie certamente viu, está escrito: "Aos grandes homens, a pátria é grata". No auge de sua ironia, ou loucura, levou um ramo de flores para o túmulo de Jean Moulin, o líder da Resistência Francesa que ele havia assassinado, depois de impiedosas torturas, durante a Segunda Guerra.

Num dos encontros de negócios da Transmarítima Boliviana em Paris, Barbie foi fotografado – e essa foto foi vista pelo casal Serge e Beate Klarsfeld, uma incansável dupla de caçadores de nazistas. Logo constataram que se tratava do Açougueiro de Lyon. De posse dessa informação, os Klarsfeld começaram a trabalhar para reabrir o caso de Barbie relativo à deportação das crianças de Izieu, reunindo testemunhas e instigando o governo francês a pedir sua extradição.

Em 1971, Barbie foi para Lima – e seus passos foram devidamente seguidos por Beate Klarsfeld, que foi até a capital peruana, no ano seguinte, para exigir sua extradição. As autoridades peruanas pressentiram que haveria problemas para o governo e obrigaram Barbie a deixar o país. Ele voltou à Bolívia, que não podia extraditá-lo à França, por duas razões: a primeira é que Barbie era cidadão boliviano; a segunda, que a Bolívia não tinha tratado de extradição com a França. Mesmo diante dessas dificuldades burocráticas, que tinham tudo para facilitar a vida de

Barbie, Beate Klarsfeld não desistiu e foi a La Paz, em fevereiro de 1972, para denunciar o algoz das crianças de Izieu, o orfanato que o carrasco havia cruelmente "liquidado" em 1944. Barbie não entendia como uma alemã como Beate podia se voltar contra ele, um homem que, na sua opinião, tinha feito tanto por seu país.

Beate entregou à imprensa e às autoridades locais o dossiê que havia elaborado com as muitas informações que possuía acerca de Barbie e dos seus crimes. Dessa forma, ninguém na Bolívia poderia alegar ignorância a respeito daquele cidadão. No entanto, as coisas não eram tão simples assim: a Bolívia era governada por uma ditadura e, como tal, não tinha nenhum apreço pelas leis, a não ser quando lhes eram convenientes. Assim, em vez de Barbie, quem acabou na cadeia, como veremos a seguir, foi a própria Beate – um sinal claro de que a realização da justiça, no caso de Barbie, dependia não das leis ou do bom senso, mas da persistência de um punhado de justos incansáveis.

A JUSTIÇA QUE TARDA

Foi necessário que a frágil mãe de três crianças judias deportadas por Barbie para Auschwitz em 1941 entrasse em cena para que o carrasco finalmente começasse a prestar contas à Justiça.

Por meio de uma greve de fome, em 1971, Fortunée Benguini chamou a atenção para os crimes que Barbie havia cometido, especialmente no abrigo de crianças judias em Izieu. Nascida na Argélia em 1904, Fortunée fora detida pelos nazistas em 1943, em Marselha, e enviada a Auschwitz, onde sofreu indescritíveis torturas, a título de experimentos médicos. Ela acreditava que seus três filhos, de 12, 7 e 6 anos, estivessem a salvo em Izieu. Mas Fortunée logo descobriria a terrível verdade: os três haviam sido assassinados depois do raide de Barbie no abrigo.

A motivação daquela mulher para realizar o protesto em Munique foi a decisão da Promotoria local, responsável pelos processos contra os criminosos de guerra alemães que não haviam sido julgados em Nuremberg, de não levar adiante qualquer ação contra Barbie, alegando falta de provas de que o nazista sabia que as crianças daquele abrigo de Izieu estavam sendo despachadas para a morte certa em Auschwitz. De fato, conforme se deduz a partir do documento da Gestapo em que Barbie relata a "liquidação" do abrigo, não eram provas o que faltava. A única ausência real era a das pequenas vítimas do carrasco nazista, as crianças assassinadas, que haviam deixado um imenso e insuperável vazio nas famílias remanescentes.

Era preciso, portanto, reunir as provas necessárias para levar Barbie a julgamento. A caçadora de nazistas Beate Klarsfeld informou à Promotoria de Munique que tinha essas evidências – um testemunho segundo o qual o carrasco sabia o que estava fazendo quando mandou aquelas crianças indefesas para Auschwitz. O caso então foi reaberto, mas a Promotoria contava com a ajuda de Beate para encontrar Barbie. Como vimos, ela recebeu das autoridades fotos que mostravam que Barbie estava possivelmente na Bolívia. A identificação do carrasco foi feita pela polícia francesa, e logo a imagem que mostrava Barbie na Bolívia foi publicada por vários jornais franceses.

A informação correu o mundo. Em Lima, no Peru, uma testemunha entrou em contato com Beate Klarsfeld para lhe dizer que conhecia um empresário chamado Klaus Altmann e que lhe parecia tratar-se de Barbie. Foi desse modo que se estabeleceu que Altmann e Barbie eram a mesma pessoa. Caía, assim, a identidade falsa que o carrasco nazista usava para passar incólume e fazer seus negócios no seu doce e tranquilo exílio sul-americano.

Mesmo protegido pelo governo da Bolívia, que se recusava a discutir sua extradição por se tratar de um cidadão boliviano, Barbie começou a sentir o peso da pressão exercida após a campanha de Beate, que acabou por mobilizar a pequena comunidade judaica boliviana e a chamar a atenção da imprensa do país e do exterior para o caso. O anonimato e a paz de Barbie estavam por um fio.

A reação da rede de amigos do carrasco nazista não tardou. Beate Klarsfeld foi detida por algumas horas em Lima por autoridades que haviam sido acionadas por simpatizantes de Barbie. Pura intimidação, pois era claro que Beate pretendia, assim que voltasse à França, retomar com força sua missão de levar Barbie aos tribunais.

Mas, aparentemente, a proteção de que Barbie desfrutava na Bolívia estava a ponto de se romper. Em fevereiro de 1972, em meio à crescente pressão internacional, as autoridades bolivianas finalmente prenderam o nazista – mas não em razão de seus conhecidos crimes, e sim por causa de uma dívida de US$ 10 mil, resultado de fraudes com a Transmarítima Boliviana, a empresa que o carrasco havia montado com o governo.

Dinheiro, de fato, havia começado a se tornar um problema para Barbie depois que seu caso ganhou visibilidade. Seus negócios clandestinos cessaram, e ele passou a depender de receitas extraordinárias para conseguir se manter.

No mesmo mês, o jornalista francês Ladislas de Hoyos, que então trabalhava para a TV francesa TF1, entrevistou Barbie. De Hoyos era colaborador do casal Klarsfeld na luta para encontrar o carrasco nazista e levá-lo a responder por seus crimes. Pela entrevista, Barbie cobrou US$ 2 mil, dinheiro com o qual pretendia ajudar a quitar a dívida que havia motivado sua prisão.

De Hoyos encurralou Barbie. Primeiro, mostrou-lhe fotos do carrasco, perguntando-lhe, em alemão, se se lembrava de algo. Também em alemão, Barbie disse que reconhecia as fotos, mas porque as vira nos jornais, e negou que o homem da foto fosse parecido com ele.

De Hoyos disse, então, que havia alguma semelhança, e então Barbie concordou: "Pode ser", respondeu. Em seguida, De Hoyos apresentou uma foto de Jean Moulin, o líder a Resistência Francesa assassinado por Barbie. O nazista afirmou que vira a imagem na revista *Paris Match*. O golpe de mestre de De Hoyos foi dado quando ele perguntou a Barbie, em francês, se já estivera em Lyon. Para o jornalista, um homem que não dominasse o francês não teria entendido a pergunta. Mas Barbie entendeu perfeitamente e, em alemão, respondeu que nunca esteve em Lyon, apenas em Marselha e em Toulon. Ficou claro que ele estava mentindo.

Mais tarde, em maio de 1972, Barbie concedeu outra entrevista, desta vez para o jornalista brasileiro Ewaldo Dantas Ferreira. Na reportagem, publicada no jornal *O Estado de S. Paulo*, Barbie admitiu que havia sido um dos chefes da SS de Lyon, o que contradizia frontalmente sua resposta a De Hoyos. E acabou por inventar mais uma mentira a respeito de seu nome – mas, pela primeira vez, não negou que fosse Barbie. Disse que se chamava "Klaus Altmann" e que "Barbie" era apenas um "nome de guerra".[8]

Esse reconhecimento, no entanto, era inútil àquela altura. A pressão sobre Barbie e as autoridades bolivianas havia atingido o auge. Ainda em fevereiro, no dia seguinte à divulgação da entrevista que Barbie concedera a Ladislas de Hoyos, houve um grande protesto em frente à Embaixada da Bolívia em Paris. Desse protesto participou Serge Klarsfeld, marido de Beate e igualmente empenhado em levar Barbie a julgamento.

Finalmente, o governo francês pediu a extradição do carrasco. Mas a decisão final teria de ser dada pela Suprema Corte boliviana, que obviamente sofria influência da ditadura local. Foi então que a persistente Beate decidiu voltar à Bolívia e realizar um protesto para pressionar a Justiça do país a extraditar Barbie. A caçadora de nazistas levou consigo Ita-Rosa Halaunbrenner, mãe de duas meninas que também estavam no abrigo de Izieu e foram deportadas por Barbie em 1944.

Polonesa nascida em 1904, mãe de cinco filhos, Ita-Rosa vivia em Lyon e viu seu marido e seu filho mais velho serem presos por Barbie em pessoa, em 1943, apesar de seus apelos desesperados. Depois, em 1944, outros dois filhos de Ita-Rosa, que ela havia mandado para Izieu para que fossem protegidos da sanha nazista, acabaram deportados por ordem de Barbie. Portanto, diante desse terrível histórico, como mãe de três filhos assassinados graças ao carrasco nazista, ela poderia reconhecer Barbie se o visse em qualquer circunstância.

Ita-Rosa e Beate foram a La Paz e ficaram três semanas sentadas diante do prédio da Suprema Corte, ignorando as ameaças feitas pela polícia boliviana e ganhando as manchetes dos jornais. Quando finalmente as autoridades estavam para cumprir a ameaça de levá-las para a cadeia, Beate e Ita-Rosa acorrentaram-se aos bancos. Foi um momento de grande impacto internacional. As duas foram expulsas da Bolívia. De volta a Paris, Ita-Rosa concedeu entrevistas nas quais denunciou que o governo boliviano estava protegendo o terrível criminoso de guerra Klaus Barbie. Vindo de uma frágil senhora de 68 anos, que exalava coragem e determinação, não era uma pressão desprezível.

Assim, estava ficando cada vez mais claro que aquele escorregadio alemão naturalizado boliviano, que se fixara na Bolívia como próspero empresário, era o mesmo criminoso de guerra que a França queria julgar por seus terríveis crimes. Nada disso, aparentemente, havia persuadido a Justiça boliviana a atender ao pedido de extradição de Barbie feito pela França. Essa demora, motivada quase com certeza pela indecisão da ditadura da Bolívia, cujo líder, o direitista Hugo Banzer, também era "cliente" de Barbie, levou Beate Klarsfeld e seu marido, Serge, a arquitetar um plano para sequestrar o carrasco, a exemplo do que o Mossad, o serviço secreto de Israel, havia feito com Adolf Eichmann – um dos criminosos nazistas que se refugiaram na Argentina. Serge chegou a se encontrar, no Chile, com o francês Régis Debray, que havia lutado com Che Guevara na Bolívia. Debray chegou a mobilizar amigos militares para a empreitada, mas o plano não foi adiante.

Em 1980, Barbie estava cada vez mais envolvido na política boliviana e também continuou a organizar os nazistas e seus simpatizantes. Tornou-se presidente de uma certa "União Mundial dos Nacional-Socialistas" (WUNS, na sigla em inglês), que reunia gente de várias partes do mundo interessada em seus conhecimentos práticos para implementar regimes de força. No final dos anos 1970, essa gente ajudou a organizar mais um golpe de Estado, dessa vez financiado diretamente pelo maior traficante de drogas da Bolívia, Roberto Suárez, que estava disposto a transformar o país num "narco-Estado". Para isso, contava com a experiência de Barbie e seus associados, que poderiam oferecer seus serviços para controlar especialmente a oposição dentro do Exército.

O golpe deu certo: assumiu o poder Luiz García Meza Tejada, que instalou uma ditadura singularmente feroz – e lucrativa, para o governo e para os narcotraficantes. Da parte dos nazistas, o objetivo era constituir na Bolívia um "Quarto Reich", tendo Barbie como seu "Führer" natural. Com Meza Tejada no poder, Barbie chegou a ganhar uma patente militar do Exército boliviano, tornando-se "tenente-coronel honorário", e recebeu um passaporte diplomático, para facilitar seus deslocamentos.

Barbie ajudou a montar um grupo paramilitar de torturadores e assassinos, todos leais à ideologia nazista, que tinha o sugestivo nome de "Noivos da Morte" e atuava em favor dos generais bolivianos. Os membros desse grupo foram integrados aos serviços de inteligência do país e vistos sem ressalvas mesmo pela população comum – consta que, no carnaval de 1981 em Santa Cruz de la Sierra, eles desfilaram num carro decorado com suásticas. Como parte desse empreendimento, Barbie chegou a firmar um contrato de compra de 18 tanques da empresa austríaca Steyr-Puch, com quem ele havia estabelecido relações graças ao tráfico de armas, para abastecer o Exército boliviano. Foi esse papel, o de organizador de golpes de Estado e de conselheiro de ditadores, ajudando-os a neutralizar opositores, que fez de Barbie um personagem importante – e que, apesar de não ter ocupado nenhum posto relevante na hierarquia nazista, garantiu-lhe um lugar entre os fugitivos mais importantes do Terceiro Reich. Foi, de longe, o nazista mais atuante politicamente depois da Segunda Guerra Mundial.

Em agosto daquele ano, um repórter do jornal americano *The New York Times*, Peter McFarren, foi procurar Klaus "Altmann", aliás Barbie. Ele investigava as relações entre os paramilitares, os militares e os produtores de cocaína na Bolívia quando chegou ao nome de "Altmann" e à possibilidade concreta de que se trata-va do criminoso nazista. Ao bater na porta da casa de Barbie, este não atendeu – e poucos minutos depois, vários homens armados, da Polícia Militar, apareceram na rua e prenderam McFarren e a fotógrafa que o acompanhava, confiscando a câmera. Se havia alguma necessidade de demonstrar as estreitas relações entre Barbie e a ditadura boliviana, ali a dúvida se dissipava.

No quartel para onde foram levados, os jornalistas sofre-ram ameaças de violência física caso não revelassem a fonte que os levara a Barbie. A tortura foi encerrada quando os poli-ciais perceberam que se tratava mesmo de profissionais a ser-viço do *New York Times*. Foram soltos – e a reportagem devasta-dora sobre Barbie saiu poucos dias depois. Foi o bastante para que McFarren passasse a ser ameaçado de morte, obrigando-o a fugir para Porto Rico com a família.

Esse desfecho provavelmente deu a Barbie a segurança de que continuava a salvo na Bolívia, graças às suas relações de amizade e negócios com a ditadura. Por essa razão, mesmo tendo sido descoberto, decidiu permanecer no país. Ele tinha certeza de que não ousariam incomodá-lo.

Mas o cálculo de Barbie não levou em conta a tradicional instabilidade política da Bolívia. Naquele mesmo ano de 1981, caiu o governo que lhe era simpático, por meio de um golpe que deflagrou um doloroso processo cujo objetivo, ao menos no discurso, era restabelecer a democracia no país. Em outubro de 1982, assumiu o poder Hernán Siles Zuazo, que havia vencido as eleições presidenciais de 1980, mas não conseguira tomar pos-se em razão de uma série de manobras golpistas. Siles Zuazo, que liderava uma coalizão que incluía movimentos de esquerda, tinha de fato compromissos democráticos, mas a situação boli-viana nunca foi tranquila – e sua trajetória sempre foi ameaçada pela articulação de ditaduras latino-americanas sob o famigera-do Plano Condor, destinado a não dar trégua àqueles considera-dos inimigos das ditaduras militares da região.

Para Barbie, a chegada de Siles Zuazo ao poder representou um revés definitivo, agravado por uma tragédia familiar: ele perdera o filho Klaus, morto em um acidente de asa-delta, e a mulher, Regine, que morreu vítima de câncer. Já em colaboração com o governo da França, a cargo do socialista François Mitterrand, a Bolívia tornou a prender o nazista, em 25 de janeiro de 1983, em razão de uma de suas tantas dívidas. Era apenas um subterfúgio do novo governo para se livrar desse grande amigo dos ex-ditadores locais. Sem conseguir quitar tudo o que os bolivianos lhe cobravam, Barbie ficou sob ameaça real de expulsão – a terrível perspectiva que o assombrara todos aqueles anos.

As condições para a expulsão foram rapidamente dadas. A principal foi a retirada da cidadania boliviana, porque Barbie havia mentido sobre seu passado e também sobre seu presente, ao insistir que nada tinha a ver com os paramilitares que aterrorizaram a Bolívia apenas uns meses antes. Sendo assim, ele corria o risco de ser deportado a qualquer momento, bastando para isso que cometesse qualquer crime comum. A tal dívida, de meros US$ 10 mil, foi o pretexto.

Em 4 de fevereiro de 1983, Barbie foi levado ao aeroporto de La Paz, de onde embarcaria para a França. O nazista desconhecia seu destino, mas supunha que estivesse a caminho da Alemanha – era, ao menos, o que esperava, pois entendia que a Justiça alemã lhe reservaria um julgamento menos severo que a da França, país onde cometeu a maioria de seus terríveis crimes.

Na primeira parte da viagem, de La Paz a Caiena, capital da Guiana Francesa, Barbie concedeu uma entrevista, ainda no avião, ao jornalista boliviano Carlos Soria Galvarro, em que disse que os termos "culpado" e "inocente" não se aplicavam a ele, uma vez que, em sua visão, apenas cumpriu seu dever. Posando de vítima, declarou ainda que "quem perde a guerra perde tudo" – inclusive o direito à sua versão dos fatos.

Um espetáculo de cinismo

Quando se deu conta de que estava a caminho de sua condenação na França, e não para o doce retorno ao lar na Alemanha ou na Áustria, Barbie deixou de lado a atitude desafiadora e passou a demonstrar fragilidade. No voo que o levou da Guiana Francesa para a França, o carrasco nazista concedeu uma nova entrevista ao jornalista boliviano Carlos Soria Galvarro, na qual disse que não sabia quais eram as acusações que pesavam contra ele. "Já se passaram 40 anos, não? Eu não me lembro", disse Barbie. Para ele, o mundo deveria esquecer de seus crimes, porque "tantos crimes novos têm sido cometidos, houve mais de cem guerras depois da Segunda Guerra Mundial, e todos os recentes crimes que são de conhecimento público…". Quando Galvarro argumentou que os europeus e particularmente os franceses não haviam esquecido, Barbie retrucou: "Eu esqueci. Se eles não esqueceram, é outro assunto. Eu esqueci. Em todo caso, depois da guerra e de tudo o que passou, fiz meu dever." Questionado sobre se seu esquecimento se estendia à ideologia nazista, Barbie explicou que suas atitudes foram pautadas pelo que estava acontecendo na Alemanha na época da ascensão do nazismo, provavelmente referindo-se à influência comunista, e acrescentou: "Muita gente pôde seguir esse movimento, não? Quase 80% da população alemã." Com isso, Barbie pretendia diluir sua responsabilidade na culpa coletiva do povo alemão. A esse propósito, ele disse que não se tratava de justificar ou não as ações do regime nazista. "Não serei eu quem justificará essas coisas, pode ser que um dia a História o faça, não sei, porque Napoleão também foi condenado em quase toda a Europa durante suas ações e, no entanto, depois de 200 anos, é um herói para a História", disse Barbie, apelando à estratégia de relativizar os crimes nazistas e sua participação neles. Finalmente, o jornalista lhe perguntou se tinha a consciência tranquila, ao que ele respondeu, candidamente: "Sim."

Foi essa atitude de falsa ingenuidade – apelando à equivalência moral dolosa, que tinha a pretensão de relativizar os terríveis crimes cometidos por ele e seus colegas nazistas – que pautaria o comportamento do carrasco nazista e de sua defesa no processo movido pelo Estado francês contra ele.

Quatro décadas depois de ter cometido seus monstruosos crimes, Klaus Barbie foi levado para a mesma prisão onde exercitou todo o seu sadismo contra supostos inimigos do regime de terror que ele tão bem representou. A prisão de Montluc, em Lyon, ainda ecoava os gritos de suas vítimas quando Barbie lá entrou, para enfrentar um julgamento que, em tudo e por tudo, deveria servir de exemplo de que a Justiça, em casos de crimes contra a humanidade, deve ser implacável, mesmo que seja tardia.

Mas não foi bem isso o que aconteceu. Em maio de 1987, quatro anos depois de sua prisão, Barbie foi finalmente levado ao tribunal para ser julgado, mas sua defesa, a cargo do franco-vietnamita Jacques Vergès, usou seu processo para constranger o Estado francês. Conforme a estratégia de Vergès, um militante comunista de tendência maoísta, o caso que deveria expor ao mundo a enormidade dos crimes nazistas acabou por servir de palanque para o esquerdismo doentio de advogados interessados apenas em denunciar o colonialismo francês, como se essa fosse a questão em jogo ali. Pior: alegaram a inocência de um criminoso nazista porque, segundo seu raciocínio torpe, se Barbie fosse considerado culpado, então o Estado francês também deveria ser, uma vez que cometera crimes semelhantes. Ademais, disse Vergès, o julgamento tinha sido organizado sob a presidência de François Mitterrand, que havia integrado o governo colaboracionista de Vichy e, segundo o advogado, tinha intenção de usar a condenação de Barbie para se reabilitar perante a opinião pública francesa.

É evidente que o caso todo tinha o potencial de expor a ambiguidade francesa na guerra – cujo lado mais obscuro foi justamente o colaboracionismo com a Alemanha nazista. Também não se pode esquecer que a França criou até uma "escola" de tortura graças à sua *expertise* adquirida nas colônias, especialmente na Argélia. Portanto, na estratégia de Vergès, a França tinha contas a acertar com a Justiça e a História, enquanto Barbie era apenas um "bode expiatório", que deveria ser absolvido.

Mas o tribunal de Lyon não era o lugar apropriado para essa causa. O que a defesa de Barbie fez foi explorar a atenção internacional gerada pelo julgamento do nazista para fazer um manifesto contra o "imperialismo" francês, uma motivação em linha com os interesses do bloco comunista na Guerra Fria. A infâmia dos crimes de Barbie e dos nazistas juntou-se à injúria de um advogado cínico, cujo objetivo jamais foi o de fazer justiça e de garantir qualquer forma de defesa civilizada a seu cliente, mas sim o de atacar seus inimigos ideológicos, mesmo que para isso fosse necessário menosprezar o imenso sofrimento das vítimas do carrasco nazista. Barbie e Vergès, embora em campos ideológicos opostos, compartilhavam firmemente da certeza de que pouco importavam os meios, pois os fins os justificavam plenamente. Eles haviam nascido um para o outro.

Em 4 de julho de 1987, saiu a sentença: Barbie foi considerado culpado e foi condenado à prisão perpétua. O Açougueiro de Lyon morreria quatro anos depois, sem ter jamais demonstrado ou manifestado arrependimento pelos crimes que cometeu.

NOTAS

1 McFarren, Peter; Iglesias, Fabrique. *The Devils Agent: Life, Times and Crimes of Nazi Klaus Barbie*. Editado pelos autores, 2013, p. 43.
2 U.S. Department of Justice. Criminal Division. Klaus Barbie and the United States Government. v. 1: A Report to the Attorney General of the United States; v. 2: Exhibits to the Report to the Attorney General of the United States. Submitted by Allan A. Ryan, Jr. Washington: Government Printing Office, agosto de 1983, p. 20.
3 Shirer, William. *The Rise and Fall of the Third Reich*. New York: Simon & Shuster, 1990, p. 224.
4 U.S. Department of Justice. Criminal Division. Klaus Barbie and the United States Government. v. 1: A Report to the Attorney General of the United States. Op. cit., p. 74.
5 Idem, p. 79.
6 Idem, p. 97.
7 McFarren, Peter; Iglesias, Fabrique. Op. cit. p. 167.
8 "Sou Altmann – Barbie é nome de guerra". *O Estado de S. Paulo*, 23 maio 1972, p. 2.

Josef Mengele

o tranquilo fim do "Anjo da Morte"

O nome de Josef Mengele talvez só rivalize com o de Adolf Hitler no bestiário nazista. Conhecido como "Anjo da Morte", pela frieza com que ditava o destino dos prisioneiros que chegavam a Auschwitz, ele resume como poucos personagens daquele regime sanguinário o nível de descolamento da realidade que os alemães atingiram durante o governo hitlerista. Se Hitler era o ditador implacável, capaz de ordenar a morte de milhões de pessoas em razão da religião que professavam, Mengele era o símbolo da transformação da ciência em instrumento de morte e destruição.

No campo de extermínio de Auschwitz, Mengele era responsável por selecionar, logo na chegada dos milhares de prisioneiros, quem iria morrer imediatamente nas câmaras de gás e quem seria poupado para trabalhar como escravo e, eventualmente, servir para as terríveis experiências que ele e seus colegas realizavam ali.

As cobaias preferidas de Mengele eram crianças gêmeas, pois ele estava interessado em pesquisar variações de comportamento em indivíduos com carga genética semelhante. A aparente serie-dade da intenção de Mengele escondia métodos que incluíam a mutilação indiscriminada dos prisioneiros a ele submetidos. Tes-temunhas relatam casos de retirada de órgãos sem anestesia, de cirurgias para provocar paralisia e da drenagem de quase todo o sangue do corpo de várias vítimas para os "estudos". Muitos fo-ram mortos porque interessava a Mengele fazer a autópsia de seus corpos para comprovar suas teses. E ele retirava os olhos de suas vítimas, guardando-os para pesquisar suas cores.

As assim chamadas "experiências" do doutor Mengele em Auschwitz, realizadas em nome da necessidade de aper-feiçoamento da raça ariana, não eram fruto da insanidade do notório médico. Elas se baseavam na *Weltanschauung* (visão de mundo baseada não na realidade, mas na intuição) dos "cien-tistas" alemães que trabalharam para os nazistas. Muitas aspas aqui são necessárias: a ciência a serviço do Terceiro Reich nada tinha de conhecimento real. Era uma impostura monstruosa, baseada não em experiências comprovadas, mas nas certezas raciais dos ideólogos do regime, que por sua vez eram herdei-ros de um pensamento cuja origem se pode localizar no século XIX – quando se desenvolveu a chamada ideologia *völkisch*, que misturava nacionalismo e romantismo em nome da defesa in-condicional da nação germânica, a *Volk*.

Essa comunidade idealizada deveria ser protegida de todas as ameaças, do mesmo modo que um corpo é protegido das doenças: exterminando-se as bactérias que pudessem destruí-la e aperfeiçoando o organismo para imunizá-lo. As bactérias, como apontaram os nazistas, eram os judeus. E o aperfeiçoamento do organismo deveria ser feito por meio de uma ciência que preten-dia ajudar a natureza a melhorar ainda mais a raça ariana, à qual os alemães julgavam pertencer e para a qual estava reservado um futuro de glórias sobre a Terra. Paul Lagarde, um dos principais ideólogos do pensamento *völkisch*, escreveu que a unidade da nação alemã só seria alcançada se os dois principais elementos de dissenso – os liberais e os judeus – fossem extirpados, que os judeus eram os veículos da decadência da Alemanha e que eles eram como "bacilos" a tornar doente o corpo alemão. Para enfrentá-los, segundo Lagarde, só havia um meio: "Com bacilo não se negocia ou se educa; eles têm de ser eliminados o mais rápido possível."[1]

Nem todo o pensamento *völkisch*, de Lagarde e de outros ideólogos, foi assumido automaticamente como discurso pelos nazistas, mas certamente sua visão de que os judeus eram uma doença insidiosa foi plenamente compartilhada. Hitler, em certa ocasião, chegou a se comparar ao cientista Robert Koch, o bacteriologista alemão responsável por expressivos avanços no conhecimento das epidemias: "Eu me sinto o Robert Koch da política. Ele encontrou o bacilo da tuberculose e, por meio disso, mostrou ao estudo genético novos caminhos. Eu descobri os judeus como o bacilo e o fermento de toda a decomposição social."[2]

Mesmo antes que o nazismo chegasse ao poder, a medicina na Alemanha era vista por muitos cientistas como um veículo para melhorar a raça a partir da eliminação física dos considerados incapazes ou inferiores. Alfred Ploetz (1860-1940), talvez o principal teórico nessa área, responsável pelo termo "higiene racial" (*Rassenhygiene*), defendeu no livro *Die Tüchtigkeit unserer Rasse und der Schutz der Schwachen* (A eficiência de nossa raça e a proteção dos fracos), de 1895, que uma das principais tarefas dos médicos era decidir quem deveria continuar vivendo e quem deveria morrer, para o bem da raça.[3] Os médicos eram, portanto, cientistas que cuidavam não apenas dos corpos dos indivíduos, mas da saúde da sociedade.

Mengele era produto desse pensamento, e até o último dia de sua vida acreditou que estivesse fazendo o que devia ser feito. Não há, em nada do que deixou escrito, nenhuma declaração que pudesse trair algum arrependimento.

O dom da ubiquidade

Assim como Mengele, muitos outros alemães e seus cúmplices de outros países continuaram a crer que a História, afinal, faria justiça a Hitler e aos nazistas, mesmo depois que o mundo tomou conhecimento das atrocidades cometidas em nome do melhoramento ariano. Assim, não foi muito difícil para Mengele escapar da Europa depois da guerra e viver uma vida relativamente tranquila na América do Sul, em parte do tempo usando seu nome verdadeiro. Contando com simpatizantes e amigos nazistas na América do Sul e na Europa, o "Anjo da Morte" pôde escapar da Justiça que, presumivelmente, teria sido implacável diante de seu papel na Segunda Guerra.

Quando se tomou conhecimento do que Mengele havia feito em Auschwitz, ele se tornou, durante as três décadas seguintes, um dos criminosos mais procurados do mundo. Caçadores de nazistas, agentes israelenses, serviços secretos da Alemanha e dos Estados Unidos, além da polícia de diversos países, entre os quais a do Brasil, empenharam-se, com mais ou menos vigor, para encontrá-lo. Havia recompensas por sua captura, mas a condição implícita era que ele fosse encontrado com vida, para poder responder por seus crimes. Se Mengele morresse antes de encarar o tribunal, onde seria obrigado a ouvir o terrível testemunho de suas vítimas, isso seria considerado uma vitória do nazista e uma derrota da humanidade.

Assim, não surpreende que Mengele tivesse sido "visto" em diversas partes do mundo, como se possuísse o dom da ubiquidade. Ao longo de todos aqueles anos, houve quem denunciasse a presença do criminoso nazista em cidades tão diferentes quanto Skaelskor, na Dinamarca, onde ele teria ido visitar uma filha que nunca teve, até Coruripe, em Alagoas, onde uma moradora desconfiou que um sujeito esquisito que falava alemão, na Cooperativa Pindorama, poderia ser o monstro de Auschwitz.

Lendas foram criadas e se multiplicaram, em grande medida graças aos exageros criados pela publicidade dada ao trabalho de caçadores de nazistas como Simon Wiesenthal. Fiando-se em informantes que lhe descreveram Mengele como um sofisticado fugitivo que gastava fortunas navegando em iates e refestelando-se em restaurantes chiques de lugares tão distintos como Paraguai, Egito e Grécia, sob a proteção de ditadores e de agentes nazistas, Wiesenthal ajudou a consolidar uma imagem de Mengele que nem de longe correspondia à realidade de um homem solitário e deprimido, dependente da ajuda de amigos fiéis, refugiado em lugares remotos da América do Sul.

Essa vontade de ver Mengele como um personagem de romance de espionagem, capaz de estar em diversos lugares do mundo, sempre escoltado por uma rede secreta de colaboradores, estimulou a fantasia de muitos, inclusive no Brasil.

Em 1961, por exemplo, noticiou-se que Mengele teria sido visto um par de anos antes na remota Mamborê, no Paraná, cidade que, na época, tinha menos de 10 mil habitantes. Com o nome de "Joseph Kanat", o carrasco teria feito diversas cirurgias sem anestesia, partos sem cuidados e outras barbaridades na cidade. A Interpol chegou a ser acionada, mas, após rápida investigação, concluiu que se tratava de mero boato. A cidade, no entanto, voltaria ao noticiário em 1967, quando a Polícia Federal informou ao governo da Alemanha Ocidental que Mengele poderia estar naquela região, próxima ao Paraguai e à Argentina. Segundo suspeitava a polícia na ocasião, Mengele não teria residência fixa, transitando entre Campo Mourão, Cascavel, Cordélia e Iporã, além de entrar e sair da Argentina com documentos falsos. As informações foram obtidas quando a Polícia Federal estava empenhada em desarticular uma rede de proteção de nazistas no Paraná.

Isso significa que as autoridades brasileiras sabiam da existência de nazistas naquela região do país, e que não deveriam ser poucos. A região pode ser vista como ideal, na época, para abrigar os criminosos nazistas e seus cúmplices – tinha forte presença de imigrantes alemães e, além disso, ficava próxima da Argentina e do Paraguai, dois conhecidos refúgios de remanescentes do Terceiro Reich. Mengele, portanto, embora jamais tenha relaxado inteiramente em seu exílio sul-americano, certamente sentiu-se em casa nos primeiros anos de sua fuga.

CONTANDO COM A SORTE

Ao longo de sua saga para escapar da Justiça, Mengele contou com alguns amigos, com o empenho de familiares e, principalmente, com a sorte. Em 17 de janeiro de 1945, em meio ao avanço das tropas soviéticas na direção de Auschwitz, Mengele, então com 33 anos, abandonou o famigerado campo de extermínio, levando consigo os registros de seus terríveis experimentos com gêmeos, anões e deformados – que ele continuou a conduzir até pouco antes de abandonar o local, grande símbolo do Mal nazista. Sua ideia era preservar seu trabalho para retomá-lo posteriormente, quando as coisas se acalmassem, o que nunca aconteceu, pois daquele dia em diante ele viveria permanentemente com receio de ser descoberto e capturado.

Mengele, acompanhado de outros soldados alemães que batiam em retirada, chegou dez dias depois ao campo de concentração de Gross Rosen, na Silésia, cerca de 320 quilômetros a noroeste de Auschwitz. Era um dos grandes campos nazistas, com cerca de 100 unidades menores, e notabilizou-se pelas experiências de guerra bacteriológica, conduzidas desde 1942. Em meio ao caos da fuga, portanto, a escolha desse lugar por Mengele parecia óbvia, em razão das afinidades com seu trabalho. Mas ele ficou poucos dias por lá, já que os soviéticos continuavam avançando. Em 18 de fevereiro, o médico deixou o campo, indo para oeste junto com soldados da Wehrmacht, o Exército nazista, também em fuga.

Mengele permaneceu com essa unidade por cerca de dois meses, na região central da Tchecoslováquia. Obteve um uniforme da Wehrmacht, livrando-se de suas roupas da SS. Era uma troca estratégica. A Wehrmacht era vista pelos Aliados como uma força militar regular, cujo *status* equivalia ao das forças dos demais países no conflito. Logo, embora derrotados, os soldados da Wehrmacht tiveram dos Aliados o tratamento previsto pelas convenções que regulam os conflitos. Já a ss, por se tratar de uma força militar paralela, intimamente vinculada aos delírios genocidas do regime nazista, passou à História como a responsável por todas as atrocidades cometidas pelo Terceiro Reich ao longo da guerra. Logo, Mengele estava certo ao imaginar que, se fosse capturado com roupas de oficial da ss, receberia um tratamento bem menos camarada por parte dos Aliados. Seria considerado um possível criminoso de guerra.

Como nada parecia interromper a marcha soviética, Mengele e seus colegas rumaram mais a oeste, para Žatec, cidade tcheca conhecida por produzir o melhor lúpulo de cerveja do mundo. Lá encontrou um hospital de campo dirigido por um amigo, o médico Hans Otto Kahler. Embora soubesse que Mengele era da ss, Kahler não o denunciou e ainda providenciou, junto ao comando da unidade, uma autorização para que ele ficasse. Foi lá que Mengele e os demais souberam do suicídio do ditador nazista Adolf Hitler, anunciado no rádio em 2 de maio de 1945. Kahler registrou em suas memórias que seu colega recusou-se a crer na notícia.[4]

A unidade de Mengele dirigiu-se, então, a Carlsbad, a noroeste, na esperança de manter-se longe do alcance dos soviéticos. No mesmo dia em que o marechal Wilhelm Keitel assinava a rendição incondicional dos alemães, em 8 de maio de 1945, cruzou a fronteira entre a Tchecoslováquia e a Alemanha e entrou na região da Saxônia. Aquele território serviu por um tempo como uma espécie de tampão entre os domínios soviético e americano – uma "terra de ninguém", onde os dois lados informalmente concordavam em não entrar.

Mengele já não podia contar com a ajuda do amigo Kahler e, aflito com a possibilidade de ser descoberto – sensação que teria pelo resto de sua vida –, acabou por se denunciar graças a seu comportamento. Aos chefes militares daquela unidade, Mengele deu diversos nomes falsos, um novo a cada dia, sempre esquecendo-se do nome que dera no dia anterior. Àquela altura, muitos ali já sabiam que aquele sujeito não era quem dizia ser e que queria esconder o fato de que pertencia à ss.

Em 15 de junho, os americanos tomaram a região e fizeram cerca de 10 mil alemães como prisioneiros. Mas Mengele e alguns outros fugiram antes, pois temiam que aquele território caísse nas mãos dos soviéticos, que presumivelmente seriam menos amistosos com os nazistas. Alguns dias mais tarde, porém, Mengele e os outros acabaram capturados pelos americanos.

No campo de prisioneiros, Mengele se apresentou aos americanos com seu verdadeiro nome, convencido de que usar um nome falso seria uma desonra para um soldado. Assim, desde o primeiro momento em que estava sob custódia do Exército dos Estados Unidos, todos sabiam quem era aquele prisioneiro – mas ninguém imaginava tratar-se de um oficial da ss, o que o poupou de um escrutínio mais detido, que poderia descobrir seu papel em Auschwitz.

Ademais, Mengele não tinha a tatuagem com seu tipo sanguíneo, marca distintiva da ss que os Aliados conheciam e usaram para identificar os membros daquela tropa. Vaidoso, ele não queria sua pele marcada e convenceu seus superiores na ss de que a tatuagem não era necessária. Foi graças a esse detalhe que, para os americanos, encontrar Mengele entre dezenas de milhares de prisioneiros e identificá-lo como criminoso de guerra era como achar uma agulha no palheiro – apesar do fato de que seu nome já constava na lista de procurados desde abril de 1945. É muito provável, aliás, que essa lista fosse apenas do conhecimento de burocratas, sem ter chegado aos comandantes dos campos de prisioneiros.

O caos do pós-guerra, portanto, foi crucial para que Mengele escapasse. A sorte o acompanhou em cada passo. Ele foi afortunado, entre outras coisas, porque um conhecido seu – o médico alemão Fritz Ulmann, que trabalhou para os americanos no campo de prisioneiros – estava em condição de lhe arranjar os documentos necessários para sair do campo americano, em julho de 1945. Mengele passou a dispor dos valiosos papéis com seu nome verdadeiro e também com o nome de Ulmann, para o caso de ocorrer algum contratempo. Ele foi levado a outro campo e, em setembro, foi libertado – ganhando carona do Exército americano até a cidade de Ingolstadt, na Baviera.

Mengele perdeu os documentos com seu nome verdadeiro e passou a usar os papéis que o identificavam como Fritz Ulmann. Ele foi para a vizinha Donauwörth, onde esperava encontrar conhecidos que pudessem entrar em contato com sua família em Günzburg. Era sua cidade natal e também o centro dos negócios do pai, Karl Mengele, dono de uma próspera fábrica de equipamentos agrícolas. Mengele era casado com Irene e tinha um filho, Rolf, nascido em 1944.

Ele de fato encontrou em Donauwörth um amigo, o veterinário Albert Miller, que se comprometeu a ajudá-lo. Naquele dia, porém, Miller foi preso pelos americanos, que tinham suspeitas sobre sua relação com nazistas, o que deixou Mengele em pânico – ele fugiu em seguida, na direção do leste. Talvez seu medo fosse infundado, já que todos por ali, na região de Günzburg, tendiam a acreditar que um Mengele jamais teria sido capaz de cometer os crimes que lhe atribuíam e que todas aquelas histórias sobre o Holocausto eram mera propaganda dos inimigos do Terceiro Reich. Além disso, os moradores eram zelosos patriotas e haviam sido muito diligentes na perseguição aos judeus: todos os cerca de 300 que lá viviam foram expulsos assim que os nazistas chegaram ao poder.

Embora Mengele fizesse parte da lista dos nazistas mais procurados, os americanos nunca pressionaram de fato membros da família do médico para que contassem o que sabiam sobre seu paradeiro. Mengele, àquela altura, já estava em Munique, mais uma vez hospedado por amigos. A eles, como a todos os demais até o fim de sua vida, assegurou que não fizera nada de errado em Auschwitz.

Por sugestão desses amigos, Mengele aceitou trabalhar como agricultor numa fazenda ao sul de Rosenheim, região rural próxima de Munique. Os empregadores de Mengele não sabiam de sua verdadeira identidade, e a intenção era que ele permanecesse nesse local insuspeito até que os Aliados parassem de procurá-lo. Ele teve de se esforçar muito para suportar o fato de que já não era o importante oficial nazista, responsável pela seleção dos que morreriam ou viveriam em Auschwitz apenas com o movimento de seu polegar para um lado ou para o outro, mas sim um simples colhedor de batatas. Mas essa renúncia compensou, pois o anonimato numa fazenda no interior da Alemanha lhe garantiu a liberdade.

Em 1946, Mengele já estava confiante o bastante para visitar a mulher e o filho. As explosões de ciúmes eram constantes – Mengele não confiava em Irene e o casamento só se mantinha pela necessidade de preservar o moral do médico em seu esconderijo. E continuar escondido era um imperativo, pois, em abril daquele ano, o nome de Mengele foi citado formalmente no Tribunal de Nuremberg, que julgava os crimes nazistas. Ele e a família sabiam, portanto, que sua captura significaria, sem sombra de dúvidas, uma condenação à morte na forca. Em vista disso, seu pai e sua mulher trataram de apagar os sinais de sua existência, para convencer os americanos de que estava morto. Nem era preciso grande esforço para isso, dada a desorganização das forças americanas quando se tratava de obter informações sobre os criminosos de guerra.

Em janeiro de 1948, uma correspondência interna do governo dos Estados Unidos considerava Mengele morto desde outubro de 1946, informação esta possivelmente baseada em depoimentos falsos da própria "viúva" do médico, Irene. Em outros momentos nessa mesma época, Mengele é tratado como "capturado", como "foragido" e como "liberado" – uma confusão e tanto. Mengele viveu durante quatro anos na zona de ocupação americana sem que as autoridades dos Estados Unidos tivessem a mais remota ideia de onde ele estava ou mesmo se ainda estava vivo.

Mas Mengele tinha certeza de que não podia mais ficar na Alemanha, pois mais cedo ou mais tarde seria descoberto – e, ademais, não queria continuar a viver como um simples camponês. Detentor de uma pós-graduação em Antropologia pela Universidade de Munique e doutor em Medicina pela Universidade de Frankfurt, onde sua tese sobre gêmeos foi aprovada com louvor, ele tinha a pretensão de continuar seus "estudos" em outro lugar, em segurança. O receio, em seu caso, era fundamentado, mas outros médicos que participaram de experiências terríveis durante a guerra e que eram favoráveis ao extermínio dos judeus e de outros "inferiores" foram absolvidos ou tiveram penas leves nos tribunais do pós-guerra e acabaram reconquistando posições de destaque na Alemanha.

Mengele escolheu a Argentina como seu refúgio graças às informações de que aquele país era um santuário para os nazistas em fuga. Ele teria de ir sozinho, já que Irene, sua mulher, não queria sair da Europa. No verão de 1949, Mengele começou sua saga sul-americana.

De trem, Mengele foi para Innsbruck, na Áustria, onde ninguém pediu seus documentos. De lá, ele foi para Steinach am Brenner, perto da fronteira com a Itália, onde chegou em 17 de abril. Ali ele encontrou o primeiro dos cinco homens não identificados que o ajudaram na fuga, conforme relatos diversos. Esse tipo de segredo ajudou a alimentar as histórias fantásticas sobre as organizações que serviram para dar refúgio a nazistas como Mengele. É muito possível que ele tenha mesmo contado com a ajuda de uma dessas organizações – provavelmente a Die Spinne (A Aranha), liderada por Otto Skorzeny, um ex-coronel da ss que montou uma rede de contatos que incluía o ditador espanhol Francisco Franco, o caudilho argentino Juan Domingo Perón e o serviço de inteligência austríaco, por meio da qual ajudou centenas de nazistas a escapar.

Já na Itália, Mengele tomou um trem para a minúscula comuna de Vipiteno. Lá, outros integrantes da rede que o ajudava lhe providenciaram um documento de identidade alemão. Além deles, Mengele encontrou-se com Hans Seldmeier, um ex-colega de escola e gerente dos negócios da família em Günzburg. Seldmeier seria crucial, ao longo do resto da vida de Mengele, para o bemestar e a segurança do Anjo da Morte. Naquela ocasião, ele trouxe dinheiro e parte da documentação de suas "experiências".

Um mês mais tarde, Mengele deixou Vipiteno em direção a Gênova, onde embarcaria para a Argentina num navio. O último estágio da operação para retirá-lo da Europa foi a obtenção da autorização para embarcar para a Argentina e um passaporte da Cruz Vermelha suíça, com o nome de "Helmut Gregor", emitido em Termeno, comuna italiana que, ao que parece, foi o centro de distribuição desse tipo de documento para nazistas em fuga.

Além disso, era necessário subornar um funcionário da imigração italiana para obter o carimbo de saída. O próprio Mengele pagou a propina, mas houve um inesperado contratempo: o funcionário que fazia parte do esquema estava de férias, e o agente de plantão acabou por submetê-lo a um interrogatório sobre seus papéis – todos falsos. Mengele foi colocado em uma cela com outros imigrantes ilegais.

Três semanas depois, quando parecia claro que toda a operação para tirar Mengele da Europa havia sido descoberta pelas autoridades italianas, o funcionário da imigração com o qual Mengele contava voltou de férias, reassumiu a chefia do escritório e recolocou os planos do nazista nos trilhos. O Anjo da Morte, sortudo como era, estava livre.

Na Argentina, nada a temer

Mengele partiu em julho de 1949 rumo a Buenos Aires. Chegou em 26 de agosto e entrou no país com outro nome falso – Friedrich Edler von Breitenbach. Até 1960, teve como principal fonte de renda o salário de representante da empresa de seu pai na Argentina, uma relação de fachada, que a família tratou convenientemente de manter em segredo. Sua adaptação à Argentina não foi difícil, pois Mengele considerava o país culturalmente avançado – para sua comodidade, havia até mesmo três jornais em alemão, para atender a uma significativa comunidade germânica, parte da qual jamais deixou de expressar apoio a Hitler. E o ditador Perón sempre se posicionou ao lado da Alemanha nazista e mandou fornecer 10 mil passaportes em branco para ajudar nazistas em fuga. Mengele não tinha o que temer. Ao contrário: na Argentina, fez contatos com ex-nazistas que haviam sido importantes personagens do Terceiro Reich e que o ajudariam nos anos seguintes.

Um desses contatos, o ex-ss Willem Sassen, que trabalhou na contrainteligência alemã, apresentou Mengele a Adolf Eichmann, o arquiteto da Solução Final, que vivia na Argentina sob o pseudônimo de Ricardo Klement. Outro contato fundamental foi o arquiteto Frederico Haase, que forneceu a Mengele todos os caminhos necessários não só para que se mantivesse a salvo na Argentina como também para conseguir mais tarde se refugiar no Paraguai. Foi Haase quem apresentou Mengele a Hans-Ulrich Rudel, o piloto mais condecorado da Alemanha nazista e mentor de outra rede de auxílio de nazistas em fuga, a Kameradenwerk, que extorquiu dinheiro de industriais alemães no pós-guerra para ajudar os criminosos. Rudel era conselheiro do governo argentino e mais tarde também se relacionou com o ditador paraguaio Alfredo Stroessner. Foi com Rudel que Mengele conheceu o Paraguai – onde entrou e se movimentou usando seu nome verdadeiro. E foi graças a ele que Mengele obteve dois contatos cruciais no Paraguai. Um deles era o alemão Werner Jung, que emigrara para o Paraguai em 1936 e que liderava um grupo de jovens que serviu como representante do Partido Nazista no país. Jung vivia com a família em uma espécie de palacete em Assunção, em cuja piscina Mengele gostava de dar uns mergulhos. O outro era o russo naturalizado paraguaio Alexander (Alejandro) von Eckstein. Os dois o ajudaram a conquistar, mais tarde, a preciosa cidadania paraguaia.

Todos esses personagens – Rudel, Jung e Von Eckstein – estavam bastante envolvidos em atividades nazistas na América do Sul. E ao menos um deles, Von Eckstein, capitão do Exército paraguaio, era amigo pessoal de Stroessner. Mengele chegou a ser apresentado a Stroessner, numa recepção, mas nada indica que o nazista tivesse recebido favores diretos ou mesmo a proteção do ditador paraguaio, como se especulou muito durante os anos em que foi caçado. Tudo o que Mengele sabia era que Stroessner, cujo pai era um imigrante alemão, simbolizava a garantia de que o Paraguai seria tão seguro para ele quanto a Argentina de Perón.

Em 1953, Mengele já era dono de uma pequena carpintaria e mais tarde se tornaria proprietário de uma companhia farmacêutica na Argentina, a Fadro Farm. As coisas iam bem. Ele comprou um carro alemão Borgward, modelo Isabella, em 1954. Foi nesse ano que ele aceitou divorciar-se de Irene, a pedido dela, e não há sinais de que tenha sentido muito. Mengele não tinha motivos para se sentir sozinho, pois vivia recebendo seus amigos e parentes em alegres visitas, além de frequentar os melhores restaurantes argentinos. A desconhecidos, apresentava-se como "José Gregori", mas seu nome nos documentos era Helmut Gregor.

A calmaria só foi abalada em 1955, quando Perón foi derrubado por um golpe, cujos desdobramentos colocaram no poder o general Pedro Eugenio Aramburu. Os nazistas abrigados na Argentina chegaram a temer por sua sorte sem a presença de Perón, mas o medo provou-se infundado, já que o novo regime continuaria a ser simpático a eles – foi nessa época, aliás, que Mengele obteve um passaporte argentino.

Em 1956, o pai de Mengele, Karl, arranjou um casamento para filho com Martha Mengele, viúva do irmão mais novo de Josef, também chamado de Karl. A intenção de Karl Sr. era evitar que parte do dinheiro da família fosse reivindicado por Martha. Além disso, Karl convenceu Mengele a renunciar à sua parte na herança caso fosse capturado. Para o casamento com Martha, Mengele foi à Suíça. Reencontrou então seu filho, Rolf, na época com 11 anos.

Apresentou-se como "tio Fritz", identidade que manteria diante do filho pelos anos seguintes. Mengele, aliás, sempre tratou como seu filho verdadeiro o sobrinho Karl Heinz, filho de Martha.

Ao voltar à Argentina, Mengele sofreu um de seus tantos acessos de insegurança e resolveu submeter-se a uma cirurgia na testa – cuja proeminência, segundo lhe advertira sua ex-mulher, Irene, algum dia viria a denunciá-lo, por ser, ao lado do vão entre os dentes incisivos, uma espécie de marca registrada do "Anjo da Morte". Para a cirurgia, Mengele recebeu anestesia local e pôde acompanhar todo o procedimento. Numa reação que se tornaria comum em relação a todos os médicos com quem teria de lidar pelo resto de sua vida, Mengele concluiu que o cirurgião não sabia o que estava fazendo e mandou interromper a operação antes do fim. O resultado foi uma cicatriz na cabeça, que ele passou a esconder sempre com um grande chapéu.

Mas sua situação, aparentemente, era tranquila – o suficiente para que Mengele quisesse começar a usar seu nome verdadeiro e comprar uma casa em Buenos Aires para acomodar sua nova família. Para isso, era necessário que o governo alemão atestasse que Helmut Gregor na verdade era Josef Mengele. E a Embaixada da Alemanha Ocidental emitiu esse atestado em setembro de 1956, sem se abalar com o fato de que aquele Mengele sabidamente era um dos criminosos de guerra mais procurados do mundo.

A leniência da diplomacia alemã na Argentina talvez se explique pelo fato de que o embaixador era o notório Werner Junkers, que tinha sido um dos principais auxiliares do ministro das Relações Exteriores de Hitler, Joachim von Ribbentrop. Em novembro daquele ano, Mengele já tinha um documento argentino que o identificava com seu nome de batismo. Com ele, requisitou, e obteve sem nenhum problema, um passaporte alemão. A primeira viagem que fez com esse passaporte foi para Santiago do Chile, em fevereiro de 1957, junto com o amigo Hans-Ulrich Rudel. Na capital chilena, eles se encontraram com Walter Rauff, ex-coronel da SS que ajudara a criar as câmaras de gás móveis que mataram dezenas de milhares de judeus antes do advento dos campos de extermínio. Mengele, Rudel e Rauff trocaram lembranças dos "bons tempos" em que podiam matar à vontade.

No ano seguinte, em julho de 1958, Mengele, como queria seu pai, casou-se com sua ex-cunhada Martha. A cerimônia civil foi feita em um cartório de Colônia do Sacramento, no Uruguai – como divorciado, Mengele não poderia se casar na Argentina, segundo as leis locais. Nada disso foi feito em segredo. Na documentação do casamento, aliás, a ex-mulher de Mengele, Irene, informava que ele vivia na Argentina desde 1949, dando inclusive seu endereço – logo, as autoridades tanto de Uruguai como da Argentina tinham como saber que o carrasco nazista estava entre eles desde o final da guerra.

O casal passou a lua de mel de três semanas no Uruguai mesmo, sempre usando seus nomes verdadeiros. Uma vida pacata parecia aguardar Mengele num futuro previsível – sobretudo porque as raras tentativas de organizar um processo contra ele na Alemanha, naquela época, provaram-se quixotescas ante a enorme burocracia alemã.

Próxima parada: Paraguai

Mengele começou a intuir que aquelas iniciativas contra ele poderiam avançar, razão pela qual, segundo o relato de pessoas próximas, ele já planejava sair da Argentina e mudar-se para o Paraguai em 1959. A eleição do presidente Arturo Frondizi na Argentina também ajudou a aumentar sua preocupação, já que se tratava de um liberal. Sem Perón por perto, o Paraguai passou a ser uma alternativa atraente, pois era um país muito mais atrasado e corrupto que a Argentina, o que ajudaria a manter sob controle qualquer investigação policial sobre Mengele, além de ser outro notório santuário para nazistas.

Em maio de 1959, Mengele, sempre usando seu nome verdadeiro, já estava provisoriamente instalado no Paraguai. Não

se sabe exatamente que lugar ele escolheu como refúgio no início. Uma das hipóteses aponta para uma cidadezinha chamada Nueva Germania, fundada em 1887 por Bernhard Förster,
marido de Elisabet Förster-Nietzsche, irmã do filósofo Friedrich
Nietzsche. Perto da fronteira com a Argentina, Nueva Germania
deveria ser o reduto da construção da "raça ariana", como dese-
java o casal Förster. Teria sido ali que Mengele encontrou aquele
que seria seu anfitrião mais fiel no Paraguai, o fazendeiro alemão
Alban Krug, que lhe foi apresentado por Rudel.

Krug acomodou Mengele na cidade de Hohenau. Fundada por alemães em 1900, Hohenau era um lugar perfeito para
Mengele. Durante o regime de Hitler na Alemanha, as crianças
daquela colônia paraguaia vestiam o uniforme marrom que ca-
racterizava os nazistas, os jovens marchavam em passo de gan-
so, cantavam-se hinos nazistas, ostentava-se orgulhosamente a
suástica e criticava-se o Tratado de Versalhes.[5] Havia 37 colônias
alemãs no Paraguai, mas Hohenau era a mais alemã de todas,
com suas casas de estilo alpino, embora não caísse um floco de
neve ali. Todos se dirigiam ao carrasco de Auschwitz como "Herr
Mengele", e os neonazistas mais chegados o chamavam de "tio".

Entrementes, em junho de 1959, a intuição de Mengele
provou-se correta, e finalmente seu nome apareceu em uma
ordem de prisão emitida pelo juiz alemão Robert Müller, de
Freiburg. No processo já apareciam todas as terríveis acusações
que caracterizariam a imagem de Mengele para a posteridade,
retratando os assassinatos cometidos em nome de uma pseu-
dociência ariana. Embora a ordem de prisão tenha sido emitida
em sigilo, um informante avisou a família do nazista. Àquela
altura, porém, o precavido Mengele já havia entrado com pedido de cidadania paraguaia – com o nome de "José Mengele".

A estratégia fazia todo o sentido. O Paraguai não tinha tratado de extradição com a Alemanha Ocidental, e o governo paraguaio certamente não extraditaria um de seus cidadãos, sob
qualquer pretexto e seja lá quem fosse. Era isso o que garantia o
sossego de todo tipo de criminoso que buscava refúgio no país.

Mengele havia solicitado a cidadania apenas para ele, e não para a mulher, Martha, nem para seu afilhado, Karl Heinz. Isso significa que, provavelmente, ele já esperava se separar dela, pois imaginou que, dali em diante, sua vida se resumiria a fugir da Justiça – coisa para a qual Martha não estava nem um pouco preparada.

De acordo com a lei paraguaia, a cidadania só poderia ser conferida se o solicitante estivesse morando há pelo menos cinco anos no país. No entanto, esse "detalhe" foi convenientemente ignorado pelas duas testemunhas, os já citados Werner Jung e Alejandro von Eckstein, que asseveraram às autoridades paraguaias que Mengele era digno de obter a cidadania.

Os contatos de Mengele no Paraguai atuaram para acelerar o processo, e ele obteve em outubro de 1959 uma carteira de identidade com o nome de "José Mengele" e um certificado policial de "bons antecedentes" – uma cruel ironia, em se tratando do "Anjo da Morte". Nesse meio tempo, a Embaixada da Alemanha Ocidental em Assunção suspeitou que Mengele estivesse no Paraguai e solicitou ao governo autorização para verificar os arquivos referentes à naturalização de "José Mengele". Os arquivos foram entregues, mas suficientemente incompletos para que se revelassem inúteis. Ao menos nesse caso, parece ter havido deliberada cumplicidade de funcionários paraguaios para proteger Mengele.

Além dessa ajuda dos burocratas, Mengele pôde contar também com a incompetência da Interpol, que jamais se empenhou de fato para pôr as mãos nesse ou em qualquer outro criminoso de guerra nazista – convém lembrar que, entre os anos 1940 e 1960, com um par de exceções, a Interpol foi presidida ou por nazistas ou por simpatizantes e colaboradores do Terceiro Reich.

Mesmo diante das óbvias suspeitas que recaíam sobre Mengele, seu processo de cidadania seguiu adiante. Em 27 de novembro de 1959, o "Anjo da Morte" tornou-se oficialmente paraguaio.

Enquanto a incompetência, o conluio e a leniência de diplo-matas, autoridades e policiais europeus e sul-americanos facilita-vam a vida de Mengele, uma força implacável, capaz de abalar essa tranquilidade, estava se preparando para agir. Era o Mossad, serviço secreto israelense, que havia recebido ordens para captu-rar Eichmann e, a partir de informações deste, também Mengele.

Em abril de 1960, após meses de investigações, o Mossad estava pronto para pegar os dois em Buenos Aires – cidade para onde, segundo suspeitavam os agentes israelenses, Mengele re-tornara brevemente naquele mês. Eichmann, citado diversas ve-zes no Tribunal de Nuremberg por sua participação efetiva no Holocausto, foi pego no dia 11 de maio. Mas ele nada tinha de re-levante a dizer sobre Mengele, o que provavelmente derivava do fato de que os dois se conheciam apenas muito superficialmente.

Do ponto de vista da hierarquia da Solução Final, Eichmann era muito mais importante do que Mengele, pois enquanto aquele havia sido o planejador da matança dos judeus, este fora apenas um dos vários executores. Para os propósitos de Israel, capturar Eichmann era, portanto, a única prioridade de fato, pois seu julga-mento seria a oportunidade para expor ao mundo a rede de cum-plicidade que permitiu a destruição quase completa dos judeus da Europa. Capturar e julgar Mengele, por outro lado, teria um forte apelo simbólico, dada a sua relação com as monstruosidades cometidas em Auschwitz – que, àquela altura, ainda não haviam ficado inteiramente claras –, mas nada além disso.

Por essa razão, quando os agentes do Mossad perceberam que não teriam condições de continuar as buscas por Mengele sem comprometer a operação para a retirada de Eichmann da Argentina, por falta de recursos, a decisão foi a mais óbvia – e Eichmann foi despachado para ser julgado em Jerusalém.

Isso não significa que Israel tenha desistido de capturar Mengele e outros criminosos de guerra nazistas naquele mo-mento, mas parecia óbvio que tais operações, custosas e incer-tas, estavam mobilizando esforços israelenses na direção de seu passado – o terrível flagelo nazista – em vez de concentrar energias para enfrentar os desafios presentes e futuros – a ameaça árabe. Não foram necessários muitos anos para que os criminosos nazistas refugiados em diversas partes do mundo, como Mengele, deixassem de ser prioridade para Israel.

No momento em que Eichmann foi capturado pelos israelenses e, principalmente, depois que ele foi enforcado em Jerusalém, em 1962, Mengele ficou em pânico. Nesse meio tempo, já havia concluído que nem a Argentina e talvez nem o Paraguai lhe seriam mais seguros, principalmente depois que a Alemanha pediu formalmente à Argentina sua extradição, em junho de 1959. O Brasil passou, então, a ser uma alternativa atraente.

Fuga para o Brasil

Mengele tinha razões para ficar preocupado, pois ele não desfrutava da proteção oficial que mais tarde as lendas criadas em torno de seu exílio sul-americano lhe atribuíram. Ele dependia de alguns amigos muito leais, como o fazendeiro Alban Krug, que simplesmente não acreditavam que ele tivesse sido capaz de cometer as atrocidades que começaram a aparecer no noticiário. Mas precisou contar muito mais com a lentidão das autoridades, proposital ou não, tanto da América do Sul quanto da Europa, para providenciar a prisão e a extradição do carrasco nazista. Apesar dos sinais de que Mengele estava no Paraguai, vivendo com seu próprio nome, as autoridades alemãs-ocidentais não se empenharam, de fato, em obter sua captura. Em vez de envolver agentes policiais ou do serviço secreto, o governo da Alemanha Ocidental preferiu mobilizar apenas diplomatas e confiar somente em material esparso.

Já na Argentina, foi muito conveniente para Mengele que o embaixador alemão fosse Werner Junkers. Sem maiores explicações, Junkers atrasou o trâmite do processo de requisição da extradição de Mengele – que só chegou às mãos de um juiz argentino em 30 de junho de 1960, mais de um ano após seu início. Embora não haja provas de que Junkers tenha ajudado Mengele deliberadamente, em razão de lealdade com o extinto regime de Hitler, parece sensato supor que, ao se deparar com aquele nome e com os motivos pelos quais o médico estava sendo procurado, o diplomata tenha pelo menos dificultado o encaminhamento do caso, usando todos os procedimentos procrastinadores que tinha à sua disposição.

Nada disso aquietou Mengele, que nem estava mais na Argentina, mas sabia que, cedo ou tarde, a pressão se estenderia ao Paraguai. Por isso, em outubro de 1960, ele foi para o Brasil. O lugar escolhido em primeiro lugar parece ter sido São Paulo, mas as informações a esse respeito são conflitantes, e o diário que Mengele mantinha naquela época pouco esclarece.

No Brasil, foi recebido e protegido por Wolfgang Gerhard, ex-líder da Juventude Hitlerista em Graz (Áustria), que estava no Brasil desde 1948. Nazista fanático mesmo para os padrões nazistas, ele saiu da Europa por não suportar a ocupação dos Aliados, mas também não gostava do Brasil nem dos brasileiros, que para ele eram de uma raça inferior, como macacos. Conhecera Mengele no Paraguai, por intermédio do coronel nazista Hans-Ulrich Rudel. Foi Rudel quem pediu a Gerhard que ajudasse Mengele a encontrar refúgio no Brasil. Gerhard sabia como fazer negócios fundiários e ajudou Mengele a vender algumas terras no Paraguai, o que lhe garantiu os recursos necessários para recomeçar a vida no Brasil.

Naquele momento, Mengele e sua mulher, Martha, decidiram se separar. Ela e o filho Karl Heinz, que Mengele tratava como se fosse seu, voltaram para a Europa. Não queriam viver como fugitivos. Mais uma vez, o nazista se veria sozinho, situação que com o tempo foi se tornando insuportável, degenerando em sinais evidentes de depressão.

O primeiro refúgio de Mengele no Brasil foi um pequeno sítio de Gerhard em Itapecerica da Serra, a cerca de 30 km de

São Paulo. Depois, o anfitrião o apresentou ao casal Geza e Gitta Stammer, húngaros que haviam fugido do comunismo e chegado ao Brasil em 1948. Eles não eram simpatizantes do nazismo, mas tampouco acreditavam nos relatos sobre as atrocidades contra os judeus. Os Stammer abrigaram Mengele durante nada menos que 13 anos, a maior parte dos quais repleta de turbulências.

Mengele foi apresentado aos Stammer com o nome falso de Peter Hochbichler. Na visão de Gerhard, "Hochbichler" poderia ser o administrador que o casal estava procurando para a fazenda na qual pretendia investir em Nova Europa, cidade de 10 mil habitantes perto de Araraquara. Mengele se recusou a receber qualquer salário por seu trabalho na fazenda. Para ele, bastava ter comida e a roupa lavada. Mas ele nada entendia de fazenda ou de agricultura, embora fosse o ramo da família. Irritava-se por não se fazer entender em português quando tinha de mandar os funcionários da fazenda fazerem algo. Tentou inventar máquinas para acabar com pragas, mas foi um insucesso atrás do outro. Era autoritário e prepotente, e os funcionários adoravam quando ele se dava mal. Por outro lado, admiravam-se de sua cultura – ouvia música clássica, lia livros. E, sem saberem que era médico, ficaram impressionados com sua habilidade ao operar um bezerro que sofria de hérnia.

Mengele se dava bem com Gitta. Tão bem que os funcionários passaram a suspeitar que tivessem um caso, já que o marido dela, Geza, mal parava em casa. Mengele escrevia poemas para ela. Anos mais tarde, em entrevistas aos jornais, ela negou tudo e disse que ele, inclusive, certa vez tentou bater nela. Gitta acrescentou que Mengele se satisfazia sexualmente com as jovens funcionárias da fazenda.

Apesar de estar numa cidade remota no interior do Brasil, Mengele continuava a ter medo de ser capturado pelo Mossad. Temia ser reconhecido por seus traços físicos – especialmente sua testa e o vão entre os dentes. E o medo não era exagerado, pois o Mossad estava mesmo em seu encalço. O serviço secreto israelen-

Reportagem de junho de 1985 reforça as suspeitas da época sobre o paradeiro real de Josef Mengele, enterrado em Embu com o nome de Wolfgang Gerhard.

TEMPO EM SÃO PAULO
Sere, prova información en periodo.
Temperatura estável.   Página 28

O ESTADO DE S. PAULO

JULIO DE MESQUITA NETO
DIRETOR RESPONSÁVEL

JULIO MESQUITA (1891-1927)   JULIO DE MESQUITA FILHO (1892-1969)   FRANCISCO MESQUITA (1897-1969)

Capital e Interior de S. Paulo — Cr$ 1.400   ANO 106   DOMINGO, 9 DE JUNHO DE 1985   N° 33.825   Domingo Cr$ 1.600   Assinatura JUN/86: Cr$ 343.000

Revelado um mistério dos nazistas

O túmulo de Ruth e Wolfgang Gerhard na cidade de Graz e as últimas fotos dos dois feitas na Áustria: essa parte do mistério nazista está desvendada. Resta saber se o homem enterrado no Embu com o nome de Gerhard era mesmo Mengele

HESS GUIMARÃES
Enviado especial

ORAZ, Áustria — O Estado encontrou no cemitério de São Pedro, em Graz, na Áustria, a prova de que o corpo descoberto no cemitério do Embu, em São Paulo, não é mesmo de Wolfgang Gerhard, o que aumenta as possibilidades de que a ossada seja de Josef Mengele, o médico nazista responsabilizado pela morte de 400 mil judeus. O verdadeiro Gerhard está enterrado em Graz, onde morreu de infarto, no dia 15 de dezembro de 1978, com as mesmas idéias nazistas e na mais completa miséria, depois de ter perdido toda a fortuna acumulada no Brasil. Em São Paulo, onde viveu durante 22 anos, Gerhard tinha uma fábrica com 50 empregados, vendida para pagar o tratamento do câncer que o suposto Mengele teria descoberto em sua mulher, Ruth Gerhard.

'Fiquei sabendo que o Peter era Mengele'

"Em 1962 fiquei sabendo que o senhor Peter era o nazista procura- | Peter Hochbichlet, sul- ço — se transferiu para outra casa e passou a ter

se suspeitava que, em razão de seu medo, Mengele voltara diversas vezes à fazenda de Alban Krug, em Hohenau, no Paraguai. E não seria surpreendente, já que lá, de fato, ele se sentia em casa.

Enquanto Israel acreditava que Mengele estava no Paraguai, a Alemanha já suspeitava que ele se encontrava em território brasileiro – tanto que, em 1961, estendeu o pedido de extradição ao Brasil. No Paraguai, porém, os diplomatas alemães tiveram dificuldades para obter documentos sobre Mengele, porque os paraguaios julgavam que aquilo era uma interferência indevida em assuntos locais. Isso só aumentou a suspeita – de resto equivocada – de que ele ainda estivesse no Paraguai.

Em 1962, Mengele se mudou para outra fazenda dos Stammer, em Serra Negra. O calor de Nova Europa fora demais para o casal, e Serra Negra prometia um clima mais aprazível. Mengele não queria se mudar de novo, mas acabou gostando do novo lugar. A relação entre ele, o casal Stammer e os funcionários, no entanto, piorou. Ele se tornou mais e mais agressivo, suspeitando de todos. As mudanças de humor fizeram seus anfitriões imaginarem que Mengele talvez estivesse sob pressão e não fosse quem dizia ser. Fazendeiro é que certamente ele não era. A verdade surgiu por acaso.

IDENTIDADE REVELADA

Quando se deparou com um jornal que trazia uma foto de Mengele ainda em uniforme da ss e percebeu que aquele sorriso com um vão entre os dentes parecia demais com o do homem que ela conhecia como Peter Hochbichler, Gitta perguntou a Mengele se ele por acaso não seria aquele rapaz da foto. Sem muita dificuldade, o nazista admitiu que sim. Foi como a explosão de uma bomba na família. Informado da novidade, Geza Stammer decidiu que não queria mais Mengele por perto. Wolfgang Gerhard, que havia apresentado o casal ao nazista, pediu-lhes paciência até que as coisas se arranjassem – e sugeriu, ademais, que os Stammer deveriam se sentir felizes por ajudar um homem como Mengele.

Contatada em Günzburg, a família de Mengele enviou um emissário, um velho amigo de Mengele, Hans Seldmeier, ao Brasil. Ele trouxe dinheiro e prometeu resolver o problema dos Stammer, mas não cumpriu. Os Stammer ameaçaram contar o que sabiam às autoridades, e Wolfgang Gerhard deixou claro que aquela atitude teria consequências, inclusive para os filhos do casal. Essa atmosfera de tensão deixou Mengele ainda mais apreensivo e nervoso. Em seu diário, no auge de sua obsessão, ele chegou a escrever quarenta páginas sobre seu nascimento, inclusive sobre a placenta que o envolveu.

Apesar de tudo, e talvez porque Mengele lhes tivesse dado muito dinheiro, os Stammer nunca disseram nada a ninguém sobre seu hóspede. E também porque Geza Stammer não era exatamente crítico dos nazistas, vendo certa razão deles ao atacar os judeus, já que estes, segundo dizia a ideologia nazista, planejavam acabar com os alemães.

Em junho de 1962, quando soube que Eichmann havia sido enforcado em Israel, sua obsessão em se manter longe das garras dos israelenses aumentou. Ele passou a andar com vários cachorros, e nunca ia muito longe quando saía. Construiu uma espécie de guarita para vigiar a vizinhança da fazenda em Serra Negra. Mas ele não tinha com o que se preocupar.

Naquela época, os alemães acreditavam que Mengele ainda estivesse no Paraguai. Já os israelenses, assim como os incansáveis caçadores de nazistas Beate Klarsfeld e Simon Wiesenthal, tinham certeza de que ele estava ou no Paraguai ou na Argentina – em 1985, Beate chegou a desafiar Stroessner, em plena Assunción, para que dissesse ao mundo onde estava escondido o nazista, àquela altura já morto e enterrado em São Paulo.

Quando finalmente encontrou uma boa pista de que Mengele talvez pudesse estar no Brasil, no final de 1962, o Mossad teve de interromper a operação. Em novembro daquele ano, o Egito do ditador Gamal Abdel Nasser havia testado com sucesso mísseis capazes de atingir Israel, e o serviço secreto israelense nada tinha a dizer a esse respeito a um atônito primeiro-ministro Ben Gurion. As prioridades de Israel, portanto, não incluiriam mais Mengele.

Cinco anos mais tarde, em 1967, Israel passou a ter certeza de que o Anjo da Morte estava no Brasil. Mas a Guerra dos Seis Dias alterou definitivamente as funções e as preocupações do Mossad, que passaram a se fixar na garantia do futuro de Israel, e não em acertar as contas com o passado. Mais uma vez, o nazista deu sorte.

O FIM NUM BANHO DE MAR

Já a Alemanha resolveu apertar o cerco a Mengele somente quando começaram os depoimentos chocantes do julgamento de oficiais da ss em Frankfurt, em dezembro de 1963, nos quais o nome de Mengele apareceu com frequência. O promotor do julgamento, Hans Kuegler, acusou o governo paraguaio de proteger o nazista, e o governo alemão corroborou essa suspeita. E por mais que o governo de Stroessner negasse, como já vimos, ninguém acreditava. Circulavam rumores, inclusive, de que Mengele se empregara como assessor para técnicas de tortura do governo paraguaio contra dissidentes, o que jamais aconteceu.

No entanto, em 1968, com a morte de Fritz Bauer, o juiz do julgamento de Frankfurt e único representante do Judiciário alemão que de fato parecia ter interesse em julgar Mengele, o empenho da Alemanha Ocidental para pegar o nazista, que já não era grande, diminuiu drasticamente. Em 1970, esse empenho foi reduzido a praticamente zero, quando o governo admitiu que seria muito difícil obter a extradição de Mengele caso ele estivesse no Paraguai e que o nazista podia facilmente estar em qualquer lugar entre Paraguai, Argentina e Brasil sem poder ser alcançado.

Enquanto isso, em 1969, o casal Stammer se mudou para Caieiras, na Grande São Paulo, porque Geza e o filho mais velho queriam ficar mais perto da capital paulista. Mengele pagou metade do valor da casa de quatro dormitórios. Foi ali que, finalmente, começou a se sentir mais seguro, a ponto de fazer pequenos passeios, inclusive de ônibus, e a fazer compras.

Ainda assim, os desentendimentos dele com a família Stammer só cresceram, de modo que Wolfgang Gerhard achou por bem apresentar Mengele a outro casal, Wolfram e Liselotte Bossert – austríacos, com o quais o nazista certamente teria mais afinidades. Ex-soldado do Exército alemão e com amigos neonazistas, Wolfram acreditava que a Alemanha havia sido injustiçada. Além disso, ele gostava de filosofia e literatura, o que certamente o aproximaria mais de Mengele do que o simplório Geza Stammer, e era tão antissemita quanto o carrasco nazista.

Mesmo depois de tomarem conhecimento de que se tratava do Anjo da Morte, o casal Bossert tratou Mengele com deferência, chamando-o de "tio". Mengele tornou-se assíduo frequentador da casa dos Bossert, e só não foi morar com eles, no Brooklin, porque não havia espaço na casa. Lá, ele mal falava da guerra, mas, quando o fazia, era para se queixar da perseguição dos judeus e dizia que salvara muitas pessoas nos campos de extermínio. Ele dizia que era mentira o que lhe atribuíam a respeito do que fez nos campos, dizendo que seu trabalho era apenas tratar de doentes.

Mengele chegou a comprar um apartamento no centro de São Paulo, por US$ 7 mil, parte do dinheiro que recebeu pela venda do sítio em Serra Negra. O apartamento foi registrado no nome de um dos filhos dos Stammer, mas o aluguel era arrecadado por Mengele. Apesar disso, ele vivia se queixando da falta de dinheiro.

Em 1971, Mengele finalmente obteve sua identidade brasileira, mas era falsa. Ele assumiu a identidade de Wolfgang Gerhard, que decidira voltar para a Áustria. Wolfram Bossert ajudou Mengele a fazer a foto que constaria no documento, produzindo uma imagem semelhante à de Gerhard. Nenhum outro dado foi alterado, de modo que Mengele passou a ter as digitais de Gerhard e, aos 60 anos, passou a ter, no documento, 46.

Um ano mais tarde, Mengele caiu doente. De tanto morder o bigode que deixou crescer para esconder o vão dos dentes, característica que poderia denunciá-lo, desenvolveu uma bola de fios que bloqueou seu intestino. Ao ser internado no hospital, sua identidade quase foi desmascarada pelo médico, que desconfiou que aquele homem velho não poderia ter 47 anos, como constava no documento. Foi salvo por Bossert, que assegurou ao médico que aquele erro havia sido cometido pelo governo brasileiro e seria corrigido.

A partir desse período, Mengele trocou cerca de 200 cartas com sua família em Günzburg, sem que nada disso levantasse qualquer suspeita do governo alemão. Nessa correspondência e também nas conversas com todos que conhecia, queixava-se constantemente de suas doenças – um problema de coluna e outro na próstata, além de insônia, pressão alta, enxaqueca e reumatismo nas mãos. Dizia a todos que ninguém se importava com seu estado e que não tinha dinheiro para pagar um bom médico. E os médicos que consultou eram, para ele, todos incompetentes.

Em 1974, Mengele romperia definitivamente com os Stammer. O casal decidiu vender a casa em Caieiras e se mudar para São Paulo sem levar o nazista junto. Mengele ficou, então, na casa de Caieiras até fevereiro de 1975. Ele não queria se mudar para seu apartamento no centro de São Paulo porque pretendia continuar a receber o aluguel – mas, naquele mesmo ano de 1974, ele teve de vender o imóvel, porque precisava do dinheiro. Os Stammer então compraram para Mengele, com a parte dele na venda da casa em Caieiras, uma casa em Diadema, a alguns quilômetros de onde moravam os Bossert. Ele passaria a viver sozinho pela primeira vez em seu exílio. Lá, ficou conhecido dos vizinhos apenas como "Pedro".

Sua ansiedade cresceu. Passou a acompanhar avidamente o noticiário sobre sua perseguição e dormia com uma pistola Mauser sob o travesseiro. Seu primeiro amigo nessa nova fase foi um jardineiro chamado Luis Rodrigues, que assistia com

Carteira de habilitação brasileira de Wolfgang Gerhard, amigo de Mengele, adulterada para servir de documento do carrasco nazista, que é quem aparece na foto.

Arnaldo Flaschi/Estadão Conteúdo

ele, na TV, *O Maravilhoso Mundo de Disney* e novelas. No auge
de sua solidão, Mengele chegou a propor que Rodrigues ficasse
morando com ele, mas o rapaz não aceitou. O nazista também
gostava de conversar com o caseiro que trabalhava em uma residência próxima, chamado Jaime dos Santos. A Jaime, vivia se
queixando do custo de vida em São Paulo.

Em maio de 1976, Mengele passou muito mal – sofreu um
derrame. Mais uma vez, ao ser internado, quase foi desmasca-
rado em razão da falsa identidade. Mas escapou de novo. Em
outubro do ano seguinte, diante das evidências de que a saúde
de Mengele estava muito precária, Rolf, seu único filho, decidiu finalmente reencontrar o pai. Viajou para São Paulo com
um passaporte falso, a pedido do pai, que ainda estava muito preocupado com a possibilidade de ser descoberto. Na volta, porém, descuidou-se ao entrar na Alemanha e apresentou
seu passaporte verdadeiro. As autoridades nem se questiona-
ram por que Rolf Mengele estava voltando da América do Sul
(onde, segundo todas as probabilidades, estava seu pai) e por
que seu passaporte não tinha o carimbo de entrada no Brasil.

Mengele começou a se relacionar com sua empregada, Elza
Gulpian de Oliveira, uma loura 40 anos mais nova que ele. Sua
felicidade dependia da presença de Elza na casa. Mostrou-lhe
seus discos de música clássica e passou a lhe dar presentes, além
de criticar todos os namorados dela. Chegou a levá-la para jan-
tar, na companhia de dois amigos dela, em um modesto restaurante de Diadema. Um dia, ele se confessou apaixonado e queria
que Elza vivesse com ele. Ela condicionou o arranjo à formali-
zação do casamento, mas ele disse que isso lhe era impossível.
Mengele começou a nutrir uma relação obsessiva. Em outubro
de 1978, Elza saiu definitivamente da vida de Mengele, decisão
que deixou o nazista arrasado, cortejando a ideia de suicídio.

A empregada que sucedeu a Elsa, Inez Mehlich, aceitou passar a dormir na casa, nos fundos. Mengele gostava de ver novelas
com ela e ia ao seu quarto à noite só para verificar se ainda estava

lá. Passou a zanzar pelas ruas sem destino e quase foi atropelado. A Inez, chegou a desabafar: "Minha vida está no fim".

Em janeiro de 1979, Mengele aceitou um convite dos Bossert para passar uns tempos na casa que eles alugavam para passar férias em Bertioga. Na tarde de 7 de fevereiro, após passar vários dias sem sair da casa, apesar do imenso calor, Mengele se permitiu um passeio na praia com os anfitriões. Por volta das quatro da tarde, resolveu entrar na água. Em dez minutos, com o corpo paralisado por um novo derrame, estaria morto.

Sem que Mengele soubesse, Wolfgang Gerhard já havia providenciado um túmulo para o nazista no cemitério Nossa Senhora do Rosário, no Embu. Disse ao administrador do cemitério que o defunto seria o de um parente mais velho que estava muito doente. Quando o caixão com Mengele chegou ao cemitério, identificado como se fosse Gerhard, o administrador desconfiou e pediu que o caixão fosse aberto, para ver se era mesmo seu conhecido, e não o tal parente mais velho. O segredo sobre a morte de Mengele foi mantido graças à reação de Liselotte Bossert, que acompanhara o caixão e resistiu, aos gritos, à abertura.

Como a família de Mengele decidiu não anunciar sua morte, o destino de Mengele tornou-se um segredo, só desvendado seis anos mais tarde – apesar de cerca de 40 pessoas terem conhecimento dele. A família só resolveu tocar no assunto quando a associação com o nome do criminoso estava sendo danosa a seus interesses empresariais, e porque os serviços de segurança dos diversos países envolvidos na caçada (Israel, EUA e Alemanha) decidiram finalmente trabalhar juntos para encontrar Mengele, em 1985. Mesmo assim, as autoridades americanas e israelenses só ficaram sabendo que Mengele havia sido encontrado no Brasil por meio do noticiário do *Die Welt*, jornal que tomara conhecimento da operação deflagrada pelo delegado Romeu Tuma, superintendente da Polícia Federal em São Paulo, a partir de pistas fornecidas pela Alemanha. Em maio daquele ano, a polícia alemã havia feito buscas na casa de Hans Seldmeier, o velho amigo que tanto havia ajudado Mengele, e encontrado a correspondência que o Anjo da Morte havia mantido com ele e com familiares. As cartas haviam sido enviadas do endereço do casal Bossert, que foi interrogado por Tuma a pedido do consulado alemão. Foi a partir desse depoimento e da apreensão de diversos documentos na casa dos Bossert que Tuma puxou o fio da meada sobre a presença de Mengele no Brasil, chegando à sua ossada no cemitério do Embu. O caso deu notoriedade internacional a Tuma e ajudou a polir sua imagem, controversa em razão de seu papel na máquina de repressão da ditadura.

Até 1985, Mengele continuava a ser caçado mundo afora, e as lendas criadas para justificar sua espetacular capacidade de escapar das garras da Justiça só fizeram crescer e se sofisticar. E ainda há quem não acredite, ou não consiga acreditar, que Mengele, o homem cujo nome é associado diretamente à inominável crueldade dos nazistas, tenha morrido durante um inocente banho de mar numa pacata praia do litoral paulista, mais de três décadas depois da guerra.

NOTAS

[1] Stern, Fritz. *Politics of Cultural Despair: A Study in the Rise of the Germanic Ideology*. Berkley: University of California Press, 1974, p. 63.

[2] Kershaw, Ian. *Hitler: 1936-1945 - Nemesis*. New York: W.W. Norton & Company, 2001, p. 470.

[3] Weiss, Sheila Faith. *Race Hygiene and National Efficiency: The Eugenics of Wilhelm Schallmayer*. Berkeley: University of California Press, 1987, pp. 106-7.

[4] Posner, Gerald L.; Ware, John. *Mengele: The Complete History*. New York: Cooper Square Press, 2000, p. 60.

[5] O Tratado de Versalhes foi o acordo que encerrou a Primeira Guerra Mundial e submeteu a Alemanha, derrotada, a uma série de pesadas punições. Hitler e os nacionalistas alemães exploraram o rancor causado por esse tratado para justificar suas ideias radicais.

ALBERT SPEER

o "bom nazista"

Depois da guerra, muitos nazistas tentaram fugir. Como sabemos, eles escaparam por rotas clandestinas, auxiliados por colaboradores de diversos tipos, desde simpatizantes espalhados pelo mundo até gente do Vaticano e da Cruz Vermelha, sem falar do auxílio das agências de inteligência ocidentais interessadas nos serviços desses nazistas. Vários deles trocaram de nome para não serem capturados e não foram poucos os que, dessa forma, permaneceram livres.

Mas houve nazistas que, sem necessidade de fugir ou de mudar de nome, sobreviveram à guerra e também ao intenso escrutínio reservado aos integrantes do Terceiro Reich, particularmente àqueles que participaram de sua cúpula. Alguns anos mais tarde, não apenas "limparam" sua biografia como foram aceitos nos respeitáveis círculos governamentais e acadêmicos da Europa e dos Estados Unidos, ou então se tornaram meras testemunhas – como se nada tivessem feito – dos bastidores do governo hitleriano, matando a curiosidade do mundo acerca dos detalhes do funcionamento daquela terrível experiência política. O caso mais relevante dentre essas "testemunhas" é, sem dúvida, o de Albert Speer, o famoso arquiteto de Hitler – que, não sem motivo, passou à História como um "bom nazista", alcunha que hoje só pode ser interpretada como ironia.

A história de Albert Speer foi muito conveniente para os alemães que gostariam de se ver desvinculados das atrocidades cometidas por seu país durante o nazismo. Não foi pequeno o esforço alemão, após a guerra, para que o nazismo fosse visto como uma aberração cometida por um punhado de loucos liderados por um hipnotizador sedutor com bigode engraçado. Também para as potências ocidentais não havia nenhum interesse, nos primeiros anos após a guerra, em estimular qualquer forma de reflexão que apontasse a responsabilidade generalizada dos alemães pelo nazismo. O momento, segundo os estrategistas da época, não era propício, pois uma eventual reunificação do país – dividido entre o lado ocidental, capitalista, e o oriental, comunista – poderia resultar numa Alemanha poderosa e ressentida, alimentada por sentimentos nacionalistas. "Era provocar os fados soltar-se uma Alemanha unida e neutra, tão pouco tempo após a guerra", ponderou o ex-secretário de Estado americano Henry Kissinger em seu livro *Diplomacia*.[1]

Deve-se levar em conta, é claro, que os alemães, especialmente sua juventude, passaram os 12 anos do nazismo sem nenhuma possibilidade de discutir o que estava acontecendo no país. E não era apenas em público que as críticas estavam interditadas. Na vida privada, diante da possibilidade de que parentes entregassem uns aos outros para as autoridades, as conversas a respeito do regime nazista eram sussurradas ou simplesmente evitadas. Assim, no momento em que a guerra

Albert Speer durante seu julgamento em Nuremberg: começava ali a construção de sua imagem como "bom nazista".

Charles Alexander/United States Holocaust Memorial Museum, courtesy of Harry S. Truman Library

terminou, foi como se um novo mundo surgisse, um mundo que não poderia ser contaminado por um passado sobre o qual, afinal, ninguém falava mesmo. Essa estratégia evitava a culpa pelos crimes cometidos pelo nazismo.

O problema, como Albert Speer certamente sabia muito bem, é que todos os alemães tinham alguma culpa – e a única forma de evitar a cobrança por essa culpa era não pensar sobre ela. Mas, ao contrário, os alemães criaram versões para justificar seu comportamento durante o nazismo e acreditaram nessas versões, pois era a única forma de sobreviver a tamanha cobrança. Nenhum povo pode ser coletivamente punido pelo crime cometido por alguns, mesmo que esses alguns tenham sido milhares ou milhões, pois o criminoso é apenas o indivíduo. No entanto, o povo é responsável por quem o governa, mesmo em uma ditadura. E essa responsabilidade fica ainda mais acentuada quanto mais próximo do líder se chega – caso específico de Speer e de tantos outros como ele.

Assim, conforme escreveu o filósofo alemão Karl Jaspers depois da guerra, "cada alemão tem uma parcela de culpa pelos crimes cometidos em nome do Reich", restando apenas a necessidade de destacar que essa culpa não é criminal, mas política.[2] No caso de Speer, no entanto, a responsabilidade foi direta – ele foi o ministro responsável por organizar a indústria de armamentos no momento mais crítico da guerra e também fez extensivo uso de mão de obra escrava. Mas eis que Speer conseguiu, graças a uma confluência de interesses – seus, dos alemães e dos europeus em geral – passar à História como um nazista que, ao aceitar sua parcela de culpa, conseguiu desvincular-se do regime ao qual tão zelosamente serviu.

Um nazista "apolítico"

Albert Speer foi o que se poderia chamar de nazista "tardio". Em entrevistas posteriores à guerra, jurou nunca ter lido *Mein Kampf* (*Minha Luta*), o livro de Hitler. Entrou no partido

Hitler e Speer (à direita) inspecionam a construção da Casa da Arte Alemã: o arquiteto era o ministro favorito do Führer, com quem desenvolveu uma relação que extrapolava a mera amizade.

Heinrich Hoffmann/Studio of H. Hoffmann/United States Holocaust Memorial Museum, courtesy of Richard Freimark

apenas em março de 1931, depois de ter ficado encantado pelo líder nazista. Era então um jovem de 25 anos e se dizia "apolítico" – algo virtualmente impossível na Alemanha dos anos 1930. Mesmo supondo-se que fosse verdade, isto é, que o intelectual Albert Speer, um homem de boa carreira acadêmica – formara-se em arquitetura na Universidade de Berlim –, fosse apolítico numa época em que todos tomavam partido de algo, o fato é que o futuro braço direito de Hitler entusiasmara-se pelo chefe nazista depois de tê-lo ouvido discursar em dezembro do ano anterior. Na ocasião, Hitler disse que a Alemanha estava dominada por "seres inferiores" e que era preciso que os jovens da audiência – como Speer – se habilitassem a resgatar o país.

Disposto a trabalhar como arquiteto, Speer acabou convidado por Joseph Goebbels, o futuro ministro da Propaganda do Terceiro Reich, para planejar a renovação do prédio do partido em Berlim. Em 1933, logo após a chegada de Hitler ao poder, Goebbels chamaria Speer novamente para trabalhar com ele, agora para remodelar o prédio do Ministério da Propaganda. Naquela época, envolveu-se com os preparativos para um grande evento nazista, fazendo sugestões para os desfiles e a decoração da tribuna. O projeto de Speer foi aprovado por Hitler, no primeiro contato entre ambos.

O jovem arquiteto foi chamado então para participar da reformulação do prédio da Chancelaria, período em que teve contato intenso e diário com Hitler. A partir daquele momento, Speer se tornou o homem que o Führer acreditava ser capaz de transformar seus sonhos estéticos megalomaníacos em realidade – a começar pela transformação de Berlim numa Roma em escala monstruosa. Tornou-se também amigo e confidente de Hitler.

Em 1942, já durante a guerra, Hitler ordenou que Speer assumisse o Ministério de Armamentos. Embora fosse um ministério crucial para o esforço nazista nos campos de batalha, a pasta tinha seu raio de ação limitado por outras necessidades da economia do país. Contudo, Speer conseguiu convencer Hitler a centralizar a energia econômica alemã para a guerra, tornando o seu ministério o mais importante do governo naquele momento. Seu desempenho na função foi considerado tão bom que Hitler passou a tê-lo como seu possível sucessor.

As fábricas de armamentos passaram a funcionar a pleno vapor, usando mão de obra escrava em condições desumanas, com uma taxa de mortalidade de quase 50% em um ano. Os resultados encantaram Hitler, que consolidou a posição de Speer no governo em detrimento de outros líderes importantes, como os poderosos Hermann Göring e Martin Bormann.

Em março de 1945, quando a guerra estava definitivamente perdida, Hitler mandou que Speer destruísse todas as indústrias e a infraestrutura da Alemanha e dos países que estiveram sob o jugo nazista para que os Aliados não pudessem utilizá-las. Chamada de Decreto Nero (*Nerobefehl*), em referência ao imperador romano que supostamente mandou incendiar Roma, a ordem de Hitler foi ignorada por Speer, interessado em preservar as condições para a recuperação da Alemanha no pós-guerra. Pouco antes do suicídio de Hitler, Speer relatou ao Führer, em seu *bunker*, que havia contrariado seu decreto, mas que continuava totalmente leal a ele. A única versão existente para essa conversa é de Speer – e nela consta que Hitler chorou.

A DIFICULDADE DE JULGAR

Com a morte de Hitler, Speer assumiu relevante papel no curto governo provisório, chamado de Governo Flensburg, em referência à cidade alemã onde foi instalado. Com a dissolução dessa administração, que durou apenas um mês, Speer foi preso, junto com outros importantes nazistas, que foram levados ao Campo Dustbin, em Luxemburgo, onde foram interrogados pelos Aliados.

Os americanos se interessaram pelo que Speer tinha a dizer – e Speer, por sua vez, estava disposto a relatar tudo o que sabia sobre o funcionamento da administração nazista, embora acreditasse que não tinha feito nada de errado. Os Aliados, de fato,

consideravam que Speer não era um nazista como os sangui-
nários Hermann Göring, o poderoso ministro de Hitler, Julius
Streicher, um dos mais ferozes antissemitas do regime, ou Fritz
Sauckel, que organizou o uso intensivo de mão de obra escrava.

Apesar disso, Speer, enquanto esteve no Campo Dustbin,
rascunhou uma espécie de programa para reerguer a Alemanha que em nada ficava a dever aos ideais do regime nazista.
Intitulado "O futuro desenvolvimento do problema alemão na
Europa", o texto enfatizava a importância de Hitler para os alemães, dizia que o falecido Führer não podia ser ignorado e que
os crimes cometidos pela Alemanha tinham sido orquestrados
por dirigentes desqualificados. No final, sugeria que a Alemanha deveria adotar uma forma branda de nazismo, na qual a
"comunidade racial" deveria ser substituída por alguma forma de "comunidade de camaradas" – inspirada, é claro, na camaradagem das trincheiras, que marcou o imaginário alemão
desde a Primeira Guerra Mundial. O texto não deixa dúvidas
sobre o pensamento nazista de Speer e também sobre seu entusiasmo por Hitler – com quem o arquiteto desenvolveu uma
amizade tão forte que beirou a relação homoerótica. "O senhor
sabe que é o amor infeliz (*unglüklisch Liebe*) do Führer", disse
certa vez a Speer seu chefe de gabinete, Karl Maria Hettlage.[3]

Decerto Speer esperava ter um papel importante na futura
Alemanha, o que denota seu descolamento da realidade. E essa
realidade se materializou quando ele foi incluído na lista dos criminosos nazistas que seriam julgados no Tribunal de Nuremberg – com possibilidade, inclusive, de condenação à morte.

Estabelecido pelas potências vencedoras da guerra para julgar a cúpula nazista, esse tribunal foi o grande marco jurídico
do Direito Internacional – evidentemente não sem controvérsias,
que duram até hoje. A primeira delas é que se tratava de um tribunal que serviria apenas para condenar os derrotados, embora
os vitoriosos tivessem cometido crimes que poderiam ser perfeitamente enquadrados na tipificação jurídica de Nuremberg.

O segundo problema, derivado do primeiro, é que era uma corte *ad hoc*, ou seja, constituída especificamente para o fim de punir os nazistas por suas atrocidades. Ademais, tipificou-se, para a ocasião, uma série de crimes pelos quais os dirigentes do Terceiro Reich seriam julgados, tais como crimes contra a paz, crimes de guerra e crimes contra a humanidade. No entanto, em direito, um dos princípios mais importantes é que ninguém pode ser condenado por um crime que não havia sido estabelecido como tal antes da consecução do ato, resumido na sentença *nullum crimen nulla poena sine previa lege* – não há crime sem lei anterior que o defina.

Tudo considerado, o comportamento monstruoso do regime nazista, revelado ao mundo poucos dias depois da derrota alemã, demandava uma reação da sociedade civilizada. Não era possível ser estritamente legalista diante do ineditismo dos crimes do Terceiro Reich. Além disso, era preciso punir os indivíduos responsáveis pelas violações dos direitos humanos, mesmo que não tivessem puxado o gatilho ou acionado as câmaras de gás contra milhões de inocentes. A simples participação nos mecanismos que resultaram nas atrocidades era suficiente para atribuir algum grau de responsabilidade, eliminando a alegada imunidade dos atos de Estado. Ainda, os juízes de Nuremberg estavam instruídos a não aceitar o princípio do *respondeat superior*, segundo o qual os subalternos não podiam responder pelos atos de seus superiores – justamente o que a maioria dos réus tentou fazer, ao alegar que apenas "cumpriam ordens".

Em seu julgamento, Speer conseguiu convencer os juízes de que sua participação no esforço de guerra nazista se deu bem depois que Hitler iniciou sua agressão à Europa, razão pela qual foi absolvido das acusações de conspiração e de crime contra a paz.

No entanto, acabou condenado por crimes contra a humanidade e crimes de guerra. Ele tentou relativizar as evidências de sua responsabilidade pelo programa de utilização de mão de obra escrava, embora as indústrias sob sua direção fizessem uso dessa força de trabalho compulsória. Speer procurou convencer o júri de que se esforçara para usar mais trabalhadores alemães do que estrangeiros na produção de armamentos e que tentou fornecer alimentação e condições de trabalho adequadas para esses estrangeiros.

Embora sentenciado a 20 anos de prisão, Speer deixou o tribunal com uma imagem muito favorável. Ele apareceu como o único dirigente nazista capaz de assumir sua parcela de responsabilidade, embora o tenha feito de tal maneira que essa responsabilidade era meramente objetiva – isto é, ele se dizia responsável na medida em que havia participado do regime assassino, e não por ter cometido este ou aquele crime. Ou seja, Speer considerava-se "responsável", por ter sido um ministro poderoso e um tecnocrata exemplar, mas não "culpado", porque afinal não se considerava antissemita nem compartilhava do desejo eliminacionista de Hitler. Era uma forma nada sutil de distanciar-se do regime ao qual serviu tão zelosamente e de dizer que tudo o que havia feito era desincumbir-se o melhor possível das tarefas para as quais fora designado – e, se isso constituía crime, então ele estava preparado para enfrentar o veredicto da Justiça.

No tribunal, Speer procurou deixar claro que seu principal interesse era o bem-estar do povo alemão – a tal ponto que, quando se convenceu de que a guerra estava acabada, recusou-se a cumprir o Decreto Nero, que condenaria os alemães à fome. Seu advogado, Hans Fläschner, resumiu a estratégia na sua declaração final: "Speer teve de trair Hitler para se manter leal a seu povo. Não é possível deixar de respeitar a tragédia que se configura nesse destino."[4]

Nem todos se convenceram, é claro. O promotor soviético, o general Rudolf Rudenko, lembrou ao tribunal que Speer, embora dissesse desconhecer o que Hitler pretendia e alegasse nem sequer ter lido *Mein Kampf*, foi amigo íntimo do Führer. Ademais, não podia se dizer "apolítico" porque participou por 14 anos da vida do Partido Nazista, onde ocupou posições destacadas. Também no governo, disse Rudenko, Speer foi assessor de Rudolf Hess – o número dois do regime – e colaborou com Robert Ley, chefe da Frente Alemã para o Trabalho, e com Hermann Göring, ministro da Aeronáutica e da Economia do Reich. Rudenko demonstrou que seria impossível Speer desconhecer o que se passava nos territórios ocupados no Leste. Ademais, sua posição privilegiada no regime e sua boa formação intelectual lhe permitiam ter total consciência das implicações morais de seus atos, conforme lembrou o assistente de acusação Adrian Fisher em um memorando.[5]

Em sua declaração final, feita em 31 de agosto de 1946, Speer, de certa forma, procurou responder a essa questão, ao atribuir toda a responsabilidade a Hitler, que ordenara a continuidade "inútil" da guerra, algo que trouxe "destruição desnecessária" e tornou mais difícil a recuperação alemã. Assim, segundo sugeriu, sua decisão de não cumprir o Decreto Nero, preservando o que restara da infraestrutura alemã, foi uma forma de restituir a razão ao país, consumido pela loucura hitlerista. Dessa maneira, Speer tentou deixar claro que, sim, sabia quais eram as implicações morais envolvidas e tentou, da melhor maneira possível, fazer o que a boa consciência mandava contra os desígnios de Hitler, "o comprovado responsável pela desgraça" do povo alemão.

Mais adiante, Speer se propôs a fazer um alerta ao mundo a respeito dos perigos da tecnocracia. Ele, que se dizia apolítico e, portanto, apenas um funcionário que procurava cumprir suas tarefas de maneira satisfatória, denunciou que a ditadura de Hitler era a primeira a ter um caráter essencialmente técnico – e esse desenvolvimento tecnológico, usado para "dominar seu próprio povo". Por meio do rádio e de outros mecanismos de comunicação da época, "80 milhões de pessoas foram privadas de sua capacidade de pensar", tornando-as sujeitas "aos desejos de um só homem".

Assim, Speer quis fazer o tribunal acreditar que Hitler era o único e grande culpado pela tragédia da Segunda Guerra, pois a totalidade dos alemães – os tais 80 milhões – havia sido transformada em autômata. As modernas formas de comunicação, segundo ele, permitiram que as ordens dos escalões superiores fossem transmitidas aos inferiores com rapidez e clareza, e essas ordens "foram cumpridas sem senso crítico". Antigamente, Speer discursou, os ditadores precisavam de assistentes altamente qualificados, capazes de pensar de forma independente; agora, o sistema totalitário os tornara desnecessários, pois os meios de comunicação "mecanizaram os subordinados ao líder", fazendo surgir um novo tipo de subordinado: "o receptor acrítico de ordens".

Speer alertou que o mundo corria o risco de sucumbir à tecnocracia totalitária e que, assim, seria capaz de infligir a si mesmo a destruição total. Dessa forma, um dos mais poderosos ministros de um dos regimes mais sanguinários da História afirmou que aquele julgamento deveria servir de alerta para que a humanidade evitasse novas guerras "degeneradas" e criasse regras por meio das quais "os seres humanos possam viver juntos". E, ao encerrar, pediu a proteção de Deus para a Alemanha e a "cultura ocidental" – certamente contra o totalitarismo tecnocrático soviético – e declarou: "Que importância tem o meu destino, depois de tudo o que aconteceu, em comparação com esse nobre objetivo?"[6]

Ao denunciar o totalitarismo nazista, que havia subjugado todos os alemães em sua teia de irracionalidade – na qual o próprio Speer se disse enredado –, e ao alertar o mundo para os riscos da guerra total e da excessiva dependência tecnológica, o arquiteto de Hitler procurou desvincular-se do regime do qual foi um dos mais destacados dirigentes. Mais do que isso: ao admitir sua responsabilidade – ainda que atribuísse toda a culpa a Hitler – e ao dizer que seu destino era irrelevante ante os riscos que corria a humanidade, Albert Speer deu início à sua carreira de "bom nazista".

É claro que nem todos se deixaram enganar por Speer naquele momento. Airey Neave, então major do Exército britânico, responsável pela leitura dos processos contra os criminosos nazistas em Nuremberg, escreveu mais tarde que Speer demonstrara uma "polida hipocrisia" e que era "mais fascinante e perigoso que Hitler".[7] Não era uma impressão exagerada. Ainda durante a guerra, em 1944, Sebastian Haffner, um dos primeiros historiadores alemães do nazismo, escreveu um artigo no jornal britânico *The Guardian* no qual dizia que Speer era o "puro técnico, o homem brilhante sem um passado, que não conhece nenhum outro objetivo a não ser abrir seu caminho no mundo, puramente com base em suas capacidades técnicas e organizacionais". E ele vaticinou: "Esta é sua época. Podemos nos livrar dos Hitlers e dos Himmlers, mas não dos Speers. Qualquer que seja o destino de cada indivíduo, eles estarão entre nós por um bom tempo".[8]

TEMPORADA NA PRISÃO

Em 11 de setembro de 1946, saiu a sentença: Speer foi condenado a 20 anos de prisão, por crimes de guerra e crimes contra a humanidade. Os juízes americano e soviético queriam a pena de morte, mas os magistrados britânico e francês convenceram seu colega dos Estados Unidos a rever sua posição. Assim, ele foi levado para uma prisão de Nuremberg, onde cumpriu os primeiros nove meses de sua sentença. Depois, foi levado para Spandau, uma prisão militar em Berlim Ocidental. Lá já estavam outras importantes autoridades do extinto Terceiro Reich, como Karl Dönitz, o comandante da Marinha nazista e que presidiu a Alemanha durante cerca de 20 dias após a guerra; o ex-ministro das Relações Exteriores Konstantin von Neurath; Baldur von Schirach, que liderou a Juventude Hitlerista; e Rudolf Hess, o número dois do regime.

Speer era o prisioneiro número 5 e foi encaminhado a uma cela de apenas 3 por 2,7 metros. Assim como os demais presos, ele tinha contato muito esparso com sua mulher e seus filhos – que só poderiam visitá-lo a cada oito semanas, e por apenas 50 minutos, e escrever-lhe uma carta a cada quatro semanas, que só seria entregue se respeitasse um determinado limite de palavras. Margret Speer só visitou o marido em 1949, e os filhos Albert e Hilde conseguiram ver o pai apenas em 1953. Não que isso fosse um problema: a relação familiar entre os Speer era distante e fria – de tal modo que, em 2005, uma das filhas de Speer, Margret, publicou uma autobiografia em que se queixou do pai, dizendo que, depois de deixar a prisão, ele negligenciou os filhos e tratou de cuidar somente da construção de seu mito.[9]

Para enfrentar esse ambiente deprimente, que decerto acentuaria seu humor naturalmente soturno, Speer decidiu escrever um diário de sua prisão. Mas não seria um diário qualquer: seria o relato de como ele, Speer, era diferente dos outros nazistas. Seria justamente o livro *Spandau: o diário secreto* (*Spandauer Tagebucher*), que ajudaria – a partir de sua publicação, em 1976, dez anos depois de sair da prisão – a formar a imagem de Speer como um técnico que, eventualmente, mas não por convicção, serviria ao regime nazista.

Em suas anotações para o livro, Speer não se limitaria a relatar o cotidiano monótono, opressivo e muitas vezes irracional da prisão. Ele faria observações sobre sua responsabilidade pelos crimes do nazismo. Em certa passagem, afirmou que a lealdade "pressupõe sempre uma cegueira ética da parte do homem leal".[10]

Speer também tinha plena noção do que os leitores estavam ansiosos para saber – isto é, os detalhes de quem conhecia o que se passava nos bastidores do Terceiro Reich, sendo muitas vezes um dos protagonistas. Ele explorou essa curiosidade com inteligência e esperteza. Antes do *Diário secreto*, Speer escreveu e publicou, em 1969, o livro *Por dentro do Terceiro Reich* (*Erinnerungen* — memórias, em alemão — no original), no qual ofereceu a visão privilegiada de um dos principais funcionários de Hitler, talvez seu único amigo verdadeiro.

A descrição que Speer faz do funcionamento do regime tem muitas lacunas e falhas, já suficientemente abordadas pelos historiadores, razão pela qual seu testemunho é geralmente tido como inútil. No entanto, trata-se de um texto precioso para entender como funcionava a mente de Speer, que se dividia entre manter sua lealdade a Hitler mesmo depois da guerra e assegurar que ele, o poderoso ministro dos Armamentos, foi apenas uma peça na engrenagem assassina do Terceiro Reich.

Enquanto descrevia Hitler como poderoso e recatado, características que, segundo Speer, explicam o apelo que o Führer exercia sobre seus súditos, o prisioneiro de Spandau encontrava espaço para expor suas motivações e reflexões. Assim, pode-se dizer que *Por dentro do Terceiro Reich* deveria ser mais apropriadamente intitulado *Por Dentro da Mente de um Nazista* – e são certamente os comentários de Speer sobre si mesmo que tornam o livro *Por dentro do Terceiro Reich* tão importante.

Em certo momento, por exemplo, Speer afirma que decidiu escrever suas memórias porque se tornou "crescentemente espantado ao notar que, antes de 1944, eu muito raramente – de fato, nunca – encontrei tempo para refletir sobre mim mesmo e sobre minhas atividades".[11] Ou seja, Speer queria fazer o leitor acreditar que ele não foi capaz de entender o que estava fazendo quando exerceu tão importantes funções no governo alemão no momento em que este estava especialmente empenhado em aniquilar os judeus da Europa.

De certa forma, Speer corrobora a tese de Hannah Arendt sobre a "banalidade do mal". No livro *Eichmann em Jerusalém*, Arendt argumenta que, no nazismo, o mal se materializou na forma de uma rotina macabra, sem que se refletisse sobre ele, em qualquer perspectiva. Não é o mal realizado como missão, pois pressupõe que se admita que se trata do mal; é o mal executado como se troca de camisa, como um gesto tão entranhado, tão banal, que não suscita nenhuma reflexão.[12]

Embora com óbvias limitações factuais, pois Speer evitou a todo custo contar realmente o que sabia (ou o que tinha total condição de saber), *Por dentro do Terceiro Reich* rendeu dois filmes: um documentário em cinco episódios para a TV americana ABC e em um telefilme de quatro horas, estrelado pelo ator Rutger Hauer no papel de Speer, que foi ao ar em 1982, um ano depois da morte do nazista. Esses filmes, além dos livros, ajudaram a perpetuar a imagem que Speer queria consolidar – a de um homem totalmente alheio ao mal do Terceiro Reich.

Além de escrever livros para criar sua versão da história de si mesmo para a posteridade, Speer passava o tempo na prisão dedicando-se a tarefas manuais, como a jardinagem. Em Spandau, havia uma horta cuidada pelos condenados por crimes contra a humanidade. Walther Funk, ex-ministro da Economia nazista, plantava tomates. Karl Dönitz, o já citado ministro da Marinha, gostava de feijões. Speer, por sua vez, criou um jardim bastante variado e amplo.

Além das plantas, Speer dedicou-se a caminhadas diárias, a que ele chamou de "volta ao mundo", e aos estudos, transformando sua cela em seu refúgio intelectual. Quando deixou a prisão, alegava ter ali 5 mil livros, o que era um óbvio exagero. Dedicava-se a ler publicações sobre arquitetura, para estar a par das mudanças em sua profissão, e também estudava História, embora as autoridades de Spandau impedissem que seus presos lessem registros sobre a guerra e outros temas recentes.

Em outubro de 1947, conforme o próprio Speer anotou em seu diário, um holandês que trabalhava em Spandau, Toni Proost, ofereceu-lhe a possibilidade de levar mensagens suas para fora da prisão. "Mal pude acreditar", escreveu Speer, que chama seu mensageiro de "Anton Vlaer", decerto para proteger sua verdadeira identidade. "Minha vida, ou ao menos o senso que eu fazia dela, adquiriu uma dimensão totalmente nova. Pela primeira vez em dois anos e meio eu teria contato totalmente sem censura com o mundo exterior. Frequentemente eu não conseguia dormir, só pensando na próxima mensagem que eu escreveria". As mensagens eram escritas no papel higiênico, que ele levava para Proost escondido em seus sapatos. "Nosso papel higiênico desde então adquiriu inimaginável importância, para mim e para minha família", observou Speer, não sem uma ponta de ironia.[13]

Parte das mensagens era dirigida a Rudolf Wolters, um amigo que se dispôs a cuidar para que a família de Speer tivesse algum dinheiro, já que os bens do nazista haviam sido bloqueados. A situação da mulher e dos seis filhos do prisioneiro era crítica. Em 1951, Wolters criou um fundo com recursos doados pelos industriais que haviam enriquecido graças a Speer durante o Terceiro Reich.

Dois anos mais tarde, porém, os bens de Speer foram desbloqueados, e o nazista, que também ganhou muito dinheiro com a venda de seus livros, tornou-se um homem rico. O interesse do mundo pelo que ele tinha a dizer ficou claro já em 1948, quando a editora americana Knopf manifestou a vontade de publicar suas memórias, que ele só concluiria em 1953. Dois anos depois, foi a vez da editora alemã Heliopolis-Verlag. Em 1963, veio uma oferta da editora alemã Propyläen, do milionário *publisher* Axel Springer, dono do jornal sensacionalista *Bild*, entre vários outros. Enquanto esteve preso, Speer não se decidiu por nenhuma das tentadoras possibilidades e, assim, de modo esperto, manteve o interesse de todas as editoras.

No entanto, em nova mensagem a Wolters, Speer mandou que a família continuasse a ser sustentada somente pelo dinheiro do fundo dos industriais, sem que seu patrimônio pessoal fosse tocado. Isso obrigou a família de Speer a viver modestamente, sendo obrigada inclusive a alugar um dos quartos da casa em Heidelberg para hóspedes.

Wolters, por sua vez, tudo fez para que o tempo em que Speer passou na prisão fosse o mais agradável possível. Por sua intervenção, feita a pedido do amigo, as potências aliadas que administravam a prisão de Spandau aceitaram aumentar a ração do prisioneiro, incluindo nela itens de luxo como champanhe, caviar e *foie gras*. Mesmo assim, Speer não deixava de expressar insatisfação – embora em seus livros tenha tentado passar uma imagem de homem modesto, o nazista não perdia a chance de demonstrar sua arrogância, como no dia em que criticou Wolters por ter escolhido um caviar mais barato para

celebrar seu aniversário, em 1959.[14] Ou quando notou que um
promotor americano que viera interrogá-lo o chamara de *Herr*
Speer, algo que o deixou "quase tonto de prazer".[15]

Em 1954, o ex-chanceler Konstantin von Neurath, de 81
anos e saúde muito precária, foi solto sem cumprir integral-
mente sua pena de 15 anos de prisão. Sua libertação havia
resultado de uma gestão direta do primeiro-ministro alemão-
ocidental, Konrad Adenauer, junto às autoridades americanas.
Outros prisioneiros também saíram antes do prazo estabelecido pela Justiça. O interesse de Adenauer era o de evitar que a
desnazificação se transformasse em um processo de acerto de
contas e vingança sem fim.

Speer, porém, não conseguiu incluir-se entre os beneficiados por essas negociações. Sua situação era particularmente
complexa – em especial porque a União Soviética, cujo juiz em
Nuremberg defendera a pena de morte para o nazista, não tinha a menor intenção de concordar com sua libertação ante-
cipada. Ele seria então obrigado a cumprir sua pena integral-
mente – mas trataria de transformar esse revés em trunfo, ao se
apresentar como um homem que perdera 20 anos de sua vida
na prisão e que, ao final dessa provação, deveria ser considerado absolvido de qualquer crime. Mais do que isso: tal como
Édipo, ele deveria ser visto como alguém que cometeu crimes
sem ter consciência disso. Essa linha de defesa tornou-se ainda
mais necessária quando, no espaço de apenas dois anos, entre
1961 e 1963, o mundo assistiu atônito aos julgamentos de Adolf
Eichmann, em Jerusalém, e dos criminosos de Auschwitz, em
Frankfurt, dos quais emergiram os detalhes escabrosos da máquina nazista de exterminar judeus e outros inimigos.

Ademais, Speer juntou-se àqueles que consideraram o Tribunal de Nuremberg apenas um simulacro de Justiça, pois se
tratava da "justiça dos vencedores". Assim, ele tentou convencer o mundo de que suas atitudes na guerra não diferiam, em
nenhuma dimensão, das atitudes das autoridades dos países

que afinal venceram o conflito. Para Speer – num argumento absurdo, mas muito caro aos alemães ressentidos com o pós-guerra –, os bombardeios dos Aliados contra áreas civis na Alemanha equivaliam aos crimes cometidos pelos nazistas. Mais do que isso: o que Speer tentou, com afinco, foi relativizar a própria guerra, considerando que nela, de qualquer maneira, aconteciam coisas desagradáveis, de um lado e de outro.

A CONSTRUÇÃO DE UMA IMAGEM

Quando enfim deixou a prisão, em setembro de 1966, Speer teve muitas oportunidades para dividir com a audiência mundial suas ideias e impressões sobre a guerra. Recebeu vários pedidos de entrevista – alguns exóticos, como um programa de TV que queria colocá-lo ao lado de Hermann Esser, autor do livro *A peste judaica universal* (*Die jüdische Weltpest*), de 1939. Mesmo quando ainda estava preso, foi bastante assediado por jornais e revistas – a *Der Spiegel* ofereceu-lhe 50 mil marcos, o equivalente a 25 mil euros, para uma entrevista, que ele acabou concedendo quando já estava fora da prisão. Logo que saiu de Spandau, deu uma entrevista coletiva, na qual disse que seu objetivo dali em diante, modestamente, era exercer a arquitetura.

Sua vida em liberdade, porém, não foi nada fácil, especialmente porque, após 20 anos em Spandau, Speer havia desenvolvido uma relação quase amorosa com a prisão – a ponto de dizer, em várias passagens de suas memórias, que talvez não pretendesse sair dali nunca mais. Mas sua principal missão, à qual ele se dedicou com afinco até o fim da vida, era construir a imagem de "bom nazista".

Na entrevista à *Der Spiegel* – que, é claro, ele disse ter concedido não pelo dinheiro, mas pela oportunidade de falar o que pensava, para jornalistas jovens que não tinham vivido o nazismo –, ele reforçou a versão, corrente nas escolas alemãs, de que Hitler era o culpado de tudo. Speer ficou encantado com os repórteres que o entrevistaram e pediu a seus amigos que o pusessem em contato com algum jornalista jovem, que pudesse lhe servir como consultor para suas futuras declarações e publicações.

Esse consultor foi Joachim Fest, jornalista conservador que se notabilizou mais tarde como um dos principais biógrafos de Hitler e como defensor da linha historiográfica segundo a qual a responsabilidade pelos crimes do nazismo tinha de recair em primeiro lugar no Führer – uma forma de diluir a responsabilidade dos alemães em geral. É claro que Fest e Speer tinham muito em comum, especialmente o fato de que, para ambos, não havia diferença significativa entre o Holocausto e, por exemplo, o terror de Stálin na União Soviética, razão pela qual não se podia singularizar o massacre dos judeus.

A escolha recaiu sobre Fest também porque ele já havia escrito um ensaio extremamente favorável a Speer, publicado em 1966 numa coletânea de perfis das autoridades nazistas. O texto de Fest intitulava-se "Albert Speer e a imoralidade dos técnicos" e em vários momentos negava a cumplicidade de Speer com as atrocidades do regime de Hitler. Dizia, por exemplo, que Speer "representava o tipo de especialista limitado e sua tecnocrática amoralidade".[16] Dizia também que, quando percebeu que a guerra estava perdida, "começou a trabalhar sistematicamente contra os planos de Hitler de aniquilar a Alemanha" – uma versão altamente simpática a Speer, como se este tivesse agido conforme altos padrões morais, embora hoje se saiba que ele atuou apenas segundo interesses econômicos.[17] De todo modo, essa publicação foi muito importante na construção da imagem que interessava a Speer e seria a base de sua futura autobiografia, na qual Fest iria trabalhar.

Se Fest acreditava de fato na versão que lhe foi apresentada por Speer, não é possível dizer. Mas está claro que seu trabalho acabou por sedimentar a impressão que o nazista queria passar ao mundo: a de que Speer, depois de cumprir sua pena, estava livre de qualquer culpa, que reconhecia sua responsabilidade como integrante do regime nazista (mas não como criminoso, pois ele não se considerava comparável aos sádicos assassinos que participaram do Holocausto) e que estava pronto para viver uma vida normal dali em diante. Em março de 1980, o jornal *Frankfurter Allgemeine Zeitung*, em cuja direção editorial figurava Fest, publicou um artigo altamente favorável a Speer, por ocasião de seu 75º aniversário. No texto, Speer aparecia como um homem que teve a coragem, em Nuremberg, de assumir sua responsabilidade.[18]

A construção dessa imagem mentirosa, por parte de Fest, foi um "trabalho patriótico", no dizer irônico do historiador alemão Wolfgang Benz em uma entrevista: "Na época em que as memórias de Speer foram fabricadas, a ideia de que o superministro, que era particularmente próximo de Hitler, não tinha noção do que os judeus estavam sendo assassinados era absurda para qualquer um que tivesse algum conhecimento do nazismo. Essa ideia é simplesmente absurda."[19]

As memórias de Speer, publicadas em 1975 na Alemanha com prefácio de Fest, foram recebidas com ressalvas pelos historiadores, mas com entusiasmo pelo público, transformando-o rapidamente em uma estrela. Ao mesmo tempo em que era o nazista capaz de reconhecer os crimes do Terceiro Reich, era o homem com uma visão privilegiada dos bastidores daquele regime. Mas havia outro motivo para o sucesso de Speer: para a geração mais velha de alemães, seu relato providenciava uma boa escusa para todos aqueles que, de uma forma ou de outra, pretendiam se escorar na ignorância para justificar sua omissão em relação ao Holocausto.

Essa mitologia havia sofrido um forte abalo em 1971, quando o historiador canadense Erich Goldhagen publicou um artigo no jornal *Midstream*, da Fundação Teodor Herzl, no qual afirmou que Speer, ao contrário do que alardeava, sabia perfeitamente das ordens para o extermínio dos judeus. Goldhagen mostrou que Speer estava presente no evento em que Heinrich Himmler, o chefe da ss, tocou no assunto de forma explícita, em outubro de 1943, na cidade de Posen. Esse discurso é considerado essencial na historiografia do nazismo, pois é um dos poucos a abordar o Holocausto sem nenhum subterfúgio de linguagem, tão comum no regime hitlerista. Himmler disse – e Speer ouviu – que os alemães tinham "o direito moral, em relação a nosso povo, de aniquilar essas pessoas que querem nos aniquilar", isto é, os judeus.[20]

O artigo de Goldhagen deixou Speer desesperado. Ele imediatamente entrou em contato com Fest para articular uma resposta, calcada na reafirmação de que, embora possa ter tido conhecimento do discurso de Himmler depois daquela ocasião, não estava em Posen e não o testemunhou. Mais tarde, no importante livro *Albert Speer: sua luta com a verdade*, a jornalista austríaca de origem húngara Gitta Sereny, que se notabilizou por tentar humanizar os carrascos do nazismo em suas reportagens, de certa forma ajudou Speer ao dizer que, em algumas passagens, Goldhagen havia manipulado informações para dramatizar seu ponto de vista. No entanto, Sereny conseguiu comprovar também que Speer esteve mesmo presente no evento em que Himmler discursou exigindo o cumprimento das ordens de Hitler para aniquilar os judeus da Europa.

Essa verdade só viria à tona de forma integral em 2007, quando se encontrou uma carta de Speer, escrita em 1971, certamente como reação ao artigo de Goldhagen, na qual ele escreveu: "Não há dúvida: eu estava presente ao anúncio de Himmler em 6 de outubro de 1943, segundo o qual todos os judeus deveriam ser exterminados." Na mesma carta, Speer admite que deveria ter lembrado desse detalhe nada insignificante em suas memórias: "Quem poderia acreditar que eu tenha suprimido uma informação dessas?"[21]

Toda essa polêmica em torno do artigo de Goldhagen e do discurso de Himmler, no entanto, não deveria ser relevante, pois está claro que Speer se encontrava numa posição privilegiada o bastante para saber perfeitamente quais eram os planos e as ordens de Hitler em relação aos judeus. O caso só se tornou importante porque era preciso encontrar uma prova, preferencialmente por escrito, para demonstrar que Speer passou toda a sua vida a mentir, para construir sua imagem de "bom nazista".

Até o último de seus dias, a despeito de seu sucesso, Speer teve sobre si a sombra dessa dúvida. Tudo ficou consideravelmente mais difícil para ele a partir de 1979, quando Matthias Smith, um estudante de graduação do Instituto Meinecke, de Berlim, pediu sua ajuda para terminar uma pesquisa. Speer então o encaminhou para Wolters, o amigo que havia cuidado com tanto zelo do patrimônio e da família do nazista enquanto ele esteve preso, recebendo em troca apenas a mais olímpica indiferença do ex-ministro de Hitler. Àquela altura, Wolters estava suficientemente irritado com Speer para pensar em lhe causar problemas. Então, Wolters forneceu a Smith um material escrito por Speer, mas não publicado, em que o nazista deixava claro que sabia das condições desumanas a que eram submetidos os trabalhadores escravos que estavam sob sua responsabilidade e sabia também que os judeus de Berlim estavam sendo deportados para campos de extermínio – e nada fez a respeito.

Para sorte de Speer, a dissertação de Smith, publicada em 1985, quatro anos após a morte do nazista, teve escassa repercussão, por ser um trabalho acadêmico menor. Mesmo assim, os autores dedicados a manter a aura de Speer preferiram não correr nenhum risco. Fest publicou em 1999 uma biografia de Speer que, sem nenhuma modéstia, pretendia ser o "veredicto final" sobre o nazista, e simplesmente considerou desimportantes as revelações de Smith.

Speer morreu em Londres, em agosto de 1981, no dia seguinte a uma entrevista que havia concedido à BBC. O *Frankfurter Allgemeine Zeitung* lhe deu um obituário digno de um homem "com ideais e integridade".[22] Àquela altura, porém, já estava claro que a apologia a um criminoso como Speer só podia servir à consciência pesada de alemães e europeus que, a despeito de suas fantasias, haviam colaborado para que o mal nazista prosperasse. Speer, como demonstrou o historiador britânico Richard Evans, havia mentido até para si mesmo, como uma estratégia para conseguir viver com o terrível criminoso que ele era.[23] Ou, como resumiu o estudante Smith, com muita propriedade: "Alguém só pode viver como Speer viveu, da alta moralidade burguesa para o assassinato em massa e depois de novo para a sociedade normal, conseguindo manter sua reputação ao longo de todo esse tempo, se mentir e, principalmente, se mentir para si mesmo."[24]

NOTAS

[1] Kissinger, Henry. *Diplomacia*. Rio de Janeiro: Francisco Alves, 1999, p. 544.

[2] Jaspers, Karl. *The Question of German Guilt*. New York: Dial Press, 1947, posição 872.

[3] Der Architekt von "Germania". *Revista Stern*, 19 de março de 2005. Disponível em <http://www.stern.de/politik/geschichte/albert-speer-der-architekt-von--germania--3547358.html>. Acesso maio 2016.

[4] Trial of the Major War Criminals Before the International Military Tribunal - Nuremberg, 1948, v. 19, p. 216.

[5] Smith, Bradley F. *Reaching Judgment at Nuremberg*. New York: New American Library, 1977, p. 218 passim.

[6] Trial of the Major War Criminals Before the International Military Tribunal - Nuremberg, 1948, v. 22, pp. 405-7.

[7] Neave, Airey. *Nuremberg: a Personal Record of the Trial of the Major War Criminals in 1945-46*. Londres: Holder and Stoughton, 1978, pp. 138 e 144.

[8] Kitchen, Martin. *Speer: Hitler's Architect*. New Heaven: Yale University Press, 2015, posição 7273.

[9] Nissen, Margret. *Sind Sie die Tochter Speer?* Munique: Deutsche Verlags-Anstalt, 2005, p. 9.

[10] Speer, Albert. *Spandau: The Secret Diaries*. Tóquio: Ishi Press, 2010, p. 211.

[11] Speer, Albert. *Inside the Third Reich*. New York: Simon & Schuster, 1981, p. 32.

[12] Arendt, Hannah. *Eichmann em Jerusalém*. São Paulo: Companhia das Letras, 1999, p. 274.

[13] Speer, Albert. *Spandau: The Secret Diaries*, cit. p. 81.

[14] Sereny, Gitta. *Albert Speer: sua luta com a verdade*. Rio de Janeiro: Bertrand Brasil, 1998, p. 895.

[15] Idem, p. 879.

[16] Fest, Joachim. "Albert Speer and the Immorality of the Technicians". *The Face of the Third Reich: Portraits of the Nazi Leadership*. New York: Pantheon Books, 1970, p. 300.

[17] Idem, p. 310.

[18] Kitchen, Martin. *Speer: Hitler's Architect*. New Heaven: Yale University Press, 2015, posição 7807.

[19] Dahlke, Birgit; Tate, Dennis; Woods, Roger (eds.). *German Life Writing in the Twentieth Century*. Rochester: Camden House, 2010, p. 87.

[20] Hilberg, Raul. *Destruction of the European Jews*. New Jersey: Holmes & Meier Publishers Publishers, 1985, p. 275.

[21] Kate Connely. "Letter proves Speer knew of Holocaust plan". *The Guardian*, 13 de março de 2007. Disponível em <http://www.theguardian.com/world/2007/mar/13/secondworldwar.kateconnolly> Acesso em maio 2016.

[22] Kitchen, Martin. Op. cit., posição 8361.

[23] Evans, Richard J. *Rereading German History: From Unification to Reunification - 1800-1996*. New York: Routledge, 2015, p. 203.

[24] Dahlke, Birgit; Tate, Dennis; Woods, Roger (eds.). Op. cit., p. 90.

FRANZ STANGL
E GUSTAV WAGNER
a mentira como profissão de fé

O austríaco Franz Paul Stangl esteve na linha de frente do projeto nazista de extermínio de seus inimigos, em especial dos judeus. Começou sua hedionda carreira no programa de assassinato dos deficientes mentais na Alemanha e, depois, com a *expertise* adquirida, tornou-se comandante de dois dos mais terríveis campos de extermínio instalados pelos nazistas nos territórios ocupados – Sobibor e Treblinka, ambos na Polônia. Mesmo assim, Stangl, um homem afável, profundamente apaixonado pela mulher e pelas três filhas, cortês com alguns de seus prisioneiros, afirmava a todos e a si mesmo que nada sabia sobre o genocídio e que não teve nenhuma participação direta naquilo – sua única função dizia respeito à segurança, razão pela qual, segundo a versão que sustentou quase até a morte, ele nada teve a ver com aqueles terríveis crimes.

Stangl é, assim, um caso exemplar de criminoso de guerra que, embora estivesse em posição de chefia e tivesse acesso a todas as informações necessárias para ter plena ciência de tudo o que se passava e no que estava envolvido, nunca reconheceu a dimensão do que fez.

A primeira reação é ver em Stangl um mentiroso patológico, como tantos que o nazismo produziu, já que a mentira era a base do próprio regime. Mesmo os intelectuais mais bem preparados na Alemanha aceitaram as mentiras de Hitler e de seus sequazes, até com um certo fascínio, como salienta a filósofa alemã Hannah Arendt, pois era uma forma de a ralé mudar a História, tornando-a "apenas uma questão de poder e de esperteza". A ação totalitária "confirma" a História, ao criar a realidade que era a essência da mentira.[1]

A mentira era tão onipresente que, quando Hitler dizia a verdade, isto é, quando anunciava que pretendia eliminar os judeus, o público alemão não percebia, porque não estava preparado "para tamanho despropósito", afirma Arendt.[2] Uma vez contada, a mentira oficial tinha de ser sustentada até o fim, porque ela passava a fazer parte da própria estrutura de poder e, portanto, não podia ser desmascarada, sob risco de arruinar essa estrutura. O caso da "conspiração judaica" é uma dessas mentiras essenciais, sem as quais o nazismo não sobreviveria.

A psicanálise oferece uma possível resposta para o interessante paradoxo tão bem representado por Stangl: como é possível que possam conviver, na mesma pessoa, um homem sensível e misericordioso, que se abalava com o sofrimento alheio, e um homem frio e cruel, capaz de aceitar a morte em massa dos judeus como uma imposição ideológica? Robert Lay Lifton, psicanalista americano, entrevistou médicos que trabalharam em Auschwitz e procurou compreender seu comportamento a partir da tese do "duplo". Segundo Lifton, esses médicos, que se formaram e trabalhavam para ajudar a salvar vidas, tiveram de criar uma nova personalidade, um outro "eu", que seria responsável por lidar com os assassinatos em massa. Assim, era esse outro "eu" quem fazia o trabalho sujo. Não se tratava de acabar com a culpa na consciência, pois isso seria impossível para pessoas normais – e esses médicos eram absolutamente normais. Tratava-se, sim, de "transferir" a responsabilidade para o "eu de Auschwitz", cuja missão repugnante, mas incontornável, era destruir os judeus.

Esse caso não se enquadra em dupla personalidade, pois ambas as personalidades não eram apartadas entre si. Elas conviviam em profunda tensão – e, para prevalecer, o "eu de Auschwitz" tinha de convencer o "eu médico que salva pessoas" de que era essencial matar todos os judeus, a começar pelas mulheres e as crianças, para não permitir a reprodução e a preservação de indivíduos que, no futuro, pudessem se vingar dos alemães. Diante disso, o "eu médico que salva pessoas" se preserva, deixando o "trabalho sujo" para o outro "eu", aquele que tem estômago para fazer o que precisa ser feito.[3]

O próprio Stangl explicou, a seu modo, o funcionamento dessa personalidade cindida. Já preso, deu uma longa entrevista à jornalista Gitta Sereny na qual disse que todas as suas atitudes eram tomadas tendo em vista que tudo "era uma questão de sobrevivência, sempre de sobrevivência". "O que eu tinha de fazer [...] era limitar minhas próprias ações àquilo pelo que – em minha própria consciência – eu podia responder", explicou Stangl.[4] E então o chefe de Treblinka, ex-policial, que no campo se responsabilizou por administrar a pilhagem dos bens dos judeus que lá chegavam – e também organizar a extração da pele e dos dentes dos mortos –, relatou sua estratégia para lidar com o seu "eu assassino" e com seus atos abomináveis: "Na escola de polícia eles nos ensinaram [...] que a definição de um crime deve obedecer a quatro condições: é preciso haver um sujeito, um objeto, uma ação e uma intenção. Se algum desses quatro elementos não for atendido, então não se está lidando com uma ação passível de punição. [...] Se o 'sujeito' era o governo, o 'objeto' eram os judeus e a ação era o gaseamento, então eu podia dizer a mim mesmo que o quarto elemento, a 'intenção', estava faltando."[5]

Quando Gitta Sereny perguntou como Stangl, afinal, conseguia separar o que fazia – administrar os bens e as valiosas partes dos corpos arrancados das vítimas do genocídio – do resultado final do empreendimento nazista, que era destruir os judeus e despojá-los de tudo o que os definia como seres humanos, Stangl respondeu que considerava a pilhagem e os negócios feitos com o produto desse roubo uma "legítima atividade policial" e que essa atividade nada tinha a ver com o genocídio. Sereny, então, tentou explicar a Stangl que aquele argumento ignorava o fato óbvio de que não haveria bens pilhados a administrar se não tivesse havido, em primeiro lugar, a morte de seus legítimos donos. "Como você pôde isolar uma coisa da outra, mesmo em seu pensamento?", perguntou Sereny, ao que Stangl respondeu que, para ele, sua tarefa ali em Treblinka não era cuidar das "causas", isto é, dos assassinatos. Ele era responsável "apenas pelos efeitos".[6] Ademais, para o carrasco, isso "nada tinha a ver com humanidade", pois as vítimas eram "carga, apenas carga", e seus corpos destruídos eram somente "carne".[7] Para ele, era espantoso que os judeus, em sua visão, fossem tão fracos a ponto de se deixarem torturar e matar sem reagir.

Stangl foi o único dos principais comandantes dos terríveis campos de extermínio a ser conduzido a julgamento na Alemanha depois da guerra. Para muitos daqueles empenhados em levar os nazistas aos tribunais, a condenação de Stangl foi tão significativa quanto a de Adolf Eichmann. Afinal, tratava-se do homem a quem se imputava o assassinato de nada menos que 800 mil pessoas, a maioria judeus, somente em Treblinka.

Ao longo de seu julgamento, no entanto, Stangl, cujos bons modos e o esforço para não parecer brutal não se enquadravam no estereótipo do nazista sanguinário, fez exatamente o que outros nazistas em sua posição fizeram: tratou de minimizar seus crimes, dizendo que não havia matado ninguém e que seus atos equivaliam aos de comandantes das forças aliadas, que mandaram atacar civis em Dresden e Hiroshima e continuavam a massacrar inocentes nas guerras travadas no sudeste asiático nos anos 1960. Esses generais, assim como ele próprio, não faziam nada além de "cumprir ordens" – e Stangl enfatizou que as guerras, afinal, são trágicas por definição. Pouco importava se a eliminação sistemática de milhões de inocentes, realizada por Stangl e seus comparsas no Terceiro Reich, não tinha precedentes na História e, portanto, não podia ser comparada a nenhum outro ato de guerra, por mais obsceno que fosse. O que interessava era criar confusão moral, terreno em que os nazistas trafegavam com peculiar destreza.

Embora seguisse à risca o discurso habitual dos nazistas de alto coturno, Stangl não era um deles. Ele não era o formulador das patranhas imorais do Terceiro Reich, limitando-se a repetir a ladainha relativista de seus comparsas simplesmente porque, em sua mente, esse argumento fazia sentido – como vimos, Stangl precisava acreditar no que dizia para aceitar os inomináveis crimes que cometeu e viver em paz.

APENAS UM POLICIAL

O austríaco Franz Stangl, nascido na pequena cidade de Altmünster em 1908, morria de medo do pai, um vigia noturno, já relativamente idoso, com quem teve uma relação muito conflituosa. Não se pode afirmar que seu comportamento posterior, como um dos artífices dos crimes ordenados por Hitler, tenha resultado desse histórico, mas é evidente que a personalidade de Stangl era de alguém inclinado a aceitar a autoridade sem questionamentos, seja por respeito, seja por temor, seja pelo conforto de apenas "cumprir ordens", sem assumir a responsabilidade pelo que fazia.

Stangl tinha apenas oito anos quando o pai morreu e então se viu obrigado a trabalhar para ajudar a família, em meio à Primeira Guerra. Com o tempo, percebeu que havia poucas opções profissionais a seu alcance para progredir, decidindo, em 1931, ingressar na polícia. Não havia nenhuma razão especial para que ele tivesse escolhido essa carreira – era apenas uma oportunidade de trabalho mais promissora.

Em sua narrativa depois da guerra, Stangl sempre jurou que não agia movido por ideais políticos; logo, entrar para a corporação policial, segundo essa versão, não respeitava imperativos pessoais, salvo o fato de que, na tumultuada Áustria daquela época, qualquer sinal de ordem podia ser sedutor – e o uniforme policial, que Stangl admirava, inspirava essa autoridade. Ele se tornou um dedicado homem da lei. Seu empenho o levou a ser destacado para a polícia política, responsável por deter todos aqueles considerados inimigos do império austríaco, que não eram poucos.

Mais tarde, quando a Alemanha de Hitler anexou a Áustria, em 1938, os policiais que haviam ajudado a reprimir os nazistas foram duramente perseguidos pelo novo regime. Stangl, segundo a versão que ele mesmo tratou de espalhar depois da guerra, manobrou para que seu nome aparecesse em uma lista de membros "ilegais" do Partido Nazista austríaco desde 1936. O objetivo dessa suposta artimanha era permanecer na corporação e, claro, não ser preso.

Essa história é uma das tantas prováveis fantasias criadas por Stangl para se conciliar com sua consciência. Nem mesmo sua mulher, Theresa, acreditou nela inteiramente. Stangl, bem como a maioria dos austríacos na época, sempre simpatizou com os nazistas e muito provavelmente filiou-se ao partido antes da chegada das tropas de Hitler à Áustria. Ele pode ter mantido essa filiação em segredo não apenas porque policiais não podiam militar em partidos, mas principalmente porque Theresa, católica devota como era, detestava os nazistas, a quem se referia com frequência como "porcos".

Seja como for, a trajetória de sucesso de Stangl na polícia austríaca continuou sob a gestão da Alemanha nazista. O departamento ao qual ele estava vinculado foi incorporado à Gestapo, a polícia política do Terceiro Reich, com o cargo de investigador criminal. Na ocasião, teve pleno conhecimento do que se fazia com os judeus da Áustria – a segregação e a expulsão, além da pilhagem de seus bens. Nada disso o abalou. Stangl não só permaneceu na polícia, como colaborou em suas tenebrosas tarefas, como se fossem apenas um trabalho rotineiro. Ademais, ele se convenceu de que não havia outra coisa a fazer, pois, segundo disse depois da guerra, os que se recusassem a cumprir essas ordens eram despachados para campos de concentração – o que era um evidente exagero; a punição mais comum para os que se recusavam a colaborar era o rebaixamento profissional. Para Stangl, no entanto, tudo era sempre uma "questão de sobrevivência".

Em 1939, ele recebeu uma importante missão: supervisionar a segurança do ultrassecreto programa de eutanásia conduzido pelos nazistas para eliminar fisicamente os alemães considerados incapazes ou com graves deficiências físicas e mentais. O programa era chamado de Aktion T4, uma referência ao endereço do prédio onde eram realizados os assassinatos – Tiergartenstrasse, número 4, em Berlim.

Foi o embrião do genocídio – inclusive no uso de gás mortal – e Stangl participou de tudo praticamente desde o início. Mais uma vez, contudo, ele procurou desvincular sua atividade das ações criminosas realizadas no Aktion T4. Em seu favor, diga-se, Stangl ficou reticente em aceitar a tarefa quando tomou conhecimento do que se fazia na Tiergatenstrasse. As autoridades lhe explicaram, então, que os pacientes eram mortos não pelos policiais, mas pelos médicos, em procedimentos cientificamente controlados e sem sofrimento para as vítimas. Ademais, os pacientes, Stangl foi informado, eram irrecuperáveis e muitos deles já estavam em estado vegetativo, razão pela qual a morte "misericordiosa", como Hitler qualificou esses assassinatos, seria para eles uma espécie de libertação. Também lhe disseram que URSS e Estados Unidos tinham programas semelhantes, há muito tempo, e que tais procedimentos, embora naquela época parecessem criminosos e devessem, por esse motivo, ser realizados em segredo absoluto, seriam perfeitamente aceitos no futuro próximo. Finalmente, Stangl ficou sabendo, de forma nada sutil, que a alternativa àquele trabalho seria algo bem menos nobre, com a agravante de que em sua ficha constaria para sempre aquela indisposição para colaborar. Stangl usou todos esses argumentos para sustentar, anos mais tarde, inclusive para sua família, e provavelmente para si mesmo, que só aceitou a tarefa porque lhe asseguraram que não cometeria crimes e porque não queria ser malvisto pelos seus superiores. Ele só foi responsável, segundo disse, por manter a lei e a ordem.

O fato, porém, é que Stangl poderia ter se recusado a participar, pois muitos outros o fizeram em circunstâncias semelhantes. Não o fez provavelmente porque era ambicioso e queria ser visto como competente. Ademais, logo percebeu que tudo o que haviam lhe dito a respeito do programa era mentira – os assassinatos pouco ou nada tinham de científicos e se prestavam também a eliminar inimigos do regime. No entanto, Stangl permaneceu em seu posto e desempenhou suas obrigações da melhor maneira possível.

Em 1942, quando o Aktion T4 foi encerrado, o competente Stangl, já devidamente treinado para o trabalho de aniquilação de indivíduos tidos como inferiores ou como adversários do nazismo – isto é, que não se enquadravam na *Weltanschauung* (visão de mundo) nazista –, foi designado para atuar no campo de Sobibor, na Polônia. Ele logo descobriu que se tratava de um campo de extermínio quando viu ali uma câmara de gás muito semelhante à que era utilizada no programa de eutanásia. Stangl sabia qual era a finalidade daquele equipamento e confirmou suas suspeitas quando foi mandado em seguida para o campo de Belzec, no qual o genocídio já estava em andamento.

Dizendo-se incapaz de suportar aquilo, Stangl pediu para voltar para Sobibor, no que foi atendido. Mas Sobibor logo se revelaria um dos mais terríveis campos de extermínio construídos pelo Terceiro Reich. Em parte sob a zelosa supervisão de Stangl, de maio de 1942 a outubro de 1943, entre 200 mil e 250 mil prisioneiros, a maioria judeus, foram eliminados ali – mais de 400 por dia.

Sem saber o que o marido fazia, Theresa Stangl decidiu visitá-lo em Sobibor, levando consigo suas filhas. O segredo sobre o extermínio, no entanto, era frágil – se ninguém se dispusesse a falar, ainda assim havia o forte odor dos cadáveres queimados, que empestou a cidade por meses – e Theresa cobrou de Stangl que ele abandonasse seu posto e deixasse de supervisionar tamanha barbaridade. Mas Stangl lhe assegurou, a muito custo, que seu trabalho nada tinha a ver com os assassinatos – ele apenas chefiava a segurança do campo, segundo disse. Somente o amor de Theresa pelo marido explica o fato de ela aceitar essa versão estapafúrdia, que não resistia à evidente realidade. E somente alguém disposto a silenciar a todo custo a própria consciência, como Stangl, poderia acreditar na versão que ele criou para justificar sua cumplicidade.

Graças ao trabalho bem feito, Stangl foi transferido de Sobibor para um dos principais campos de extermínio nazistas – Treblinka, também na Polônia. Naquele inferno, cerca de 900 mil judeus foram mortos em pouco mais de um ano, entre julho de 1942 e outubro de 1943. Somente Auschwitz, entre todos os campos nazistas, superou essa incrível eficiência. Até o final dos seus dias, Stangl diria que trabalhou ali sem se envolver diretamente com os crimes e que só permaneceu naquela missão porque não tinha alternativa.

Depois que Treblinka foi desativado, em 1943, Stangl foi mandado para ajudar a combater a guerrilha na Iugoslávia e na Itália, missão que ele desempenhou até o final da guerra, quando então foi capturado pelo Exército americano. Naquele período, sempre usou seu nome verdadeiro.

Embora tivessem condições de saber quem era Stangl e o que ele havia feito em Treblinka e Sobibor, os americanos o enviaram em 1947 às autoridades austríacas, que o confinaram numa prisão perto de Linz. A situação de Stangl na Áustria, assim com a dos demais nazistas, era ambígua. De inimigo durante a guerra, o país foi considerado "libertado" depois dela, o que poderia criar um limbo jurídico em relação aos remanescentes que haviam colaborado com o regime nazista. Era essa a expectativa de gente como Stangl. Mas a Justiça austríaca começou a investigar o programa de eutanásia realizado no país sob as ordens de Hitler e descobriu o papel de Stangl nesse crime.

Sob intensa pressão da mulher, Theresa, preocupada com as seguidas condenações de nazistas na Áustria, Stangl decidiu

que era hora de fugir. Conseguiu escapar sem grande dificuldade em maio de 1948. Primeiro foi para a Itália, onde, segundo ouvira falar, poderia usufruir das rotas de fuga criadas por
sacerdotes católicos para os nazistas depois da guerra, com a
ajuda da Cruz Vermelha – a já citada Ratline.

Em Roma, encontrou-se com o bispo austríaco Alois
Hudal, que era o chefe da congregação austro-alemã Santa
Maria dell'Anima. Hudal era conhecido por seu apoio a Hitler –
chegou a publicar um livro, em 1937, no qual defendeu o ditador e
o nazismo. O sacerdote recebeu Stangl como um velho conhecido.
Arranjou-lhe um quarto em Roma, deu-lhe dinheiro e iniciou o
trâmite da documentação com a qual fugiria da Europa. Poucos
dias depois, entregou a Stangl um passaporte da Cruz Vermelha.
Além disso, Hudal obteve para Stangl um visto de entrada em
Damasco, na Síria, e um emprego numa fábrica de tecidos na capital síria. Por fim, deu-lhe uma passagem de navio para a Síria.

Já em Damasco, foi morar em um quarto arranjado por Hudal
numa casa. Para conseguir dinheiro suficiente para trazer sua família à Síria, poupava cada centavo que ganhava, levando uma
vida quase monástica. Pouco tempo depois, quando Stangl enfim
encontrou alguma estabilidade, conseguiu pagar a passagem para
que a mulher e as filhas enfim se juntassem a ele, em maio de 1949.

Na saída da Áustria, Theresa em nenhum momento men-
tiu às autoridades: disse que era mulher de Franz Stangl e que
ele estava em Damasco. Mostrou até mesmo as cartas que ele
lhe enviara naquele tempo todo. Tudo isso porque, conforme
a legislação austríaca, Theresa tinha de provar que não havia
risco de suas filhas serem transformadas em escravas brancas
no Oriente Médio, uma preocupação do zeloso governo de Viena na época. Já o fato de que os documentos apresentados por
Theresa às autoridades austríacas revelavam o paradeiro do
fugitivo Stangl parece ter sido olimpicamente desconsiderado.
Sem ser incomodada, Theresa pôde despachar os pertences da
família com uma etiqueta enorme que dizia: "Franz Paul Stangl,
Schuuhader, Heluanie 14, Damaskus". Não bastasse isso,

Theresa informou às autoridades, textualmente, que aquele endereço era do marido que havia fugido. Nada aconteceu.

Quando chegou a Damasco, Theresa encontrou Stangl com ótimo humor, como se a guerra já fizesse parte de um passado remoto. Não que a vida fosse fácil para a família na Síria. Ao contrário: Stangl perdeu o emprego na indústria têxtil porque o dono morreu e o negócio fechou, obrigando Theresa a arranjar trabalho. Ela conseguiu dinheiro oferecendo serviço de massagista.

No final de 1949, Stangl enfim encontrou um emprego como mecânico e a família pôde se mudar para uma casa maior, onde recebia muitas visitas de alemães que viviam em Damasco. A situação melhorou consideravelmente, e a família pôde enfim relaxar, passeando pela capital síria e por outras cidades, visitando seus diversos museus e pontos turísticos.

Mas a paz da família foi abalada por um problema pitoresco: defronte à casa dos Stangl morava um chefe de polícia que vivia ali com seu harém. Ele aparentemente gostou de uma das filhas de Stangl e, antes que um incidente cultural acontecesse, Theresa foi a Beirute e percorreu embaixadas de países sulamericanos em busca de visto para deixar o Oriente Médio. Foi então que os diplomatas brasileiros se interessaram por Stangl, que lhes ofereceu seus préstimos de mecânico e, assim, obteve o visto para que sua família se mudasse para o Brasil.

Em 1951, os Stangl embarcaram num navio para Santos, via Gênova, na Itália. Uma vez no Brasil, fizeram contato com um casal de alemães que eles haviam conhecido na Síria. Passaram seus primeiros momentos em São Paulo na casa dos pais de um deles.

O primeiro emprego de Stangl em São Paulo foi numa indústria têxtil. Sem falar português, conseguia se fazer entender com o pouco de italiano que sabia, mas rapidamente aprendeu a língua. Trabalhou dois anos naquela fábrica, ao final dos quais saiu em busca de melhores salários. Trocou de emprego mais duas vezes.

Nesse intervalo, apesar das dificuldades, a família Stangl concluiu em 1960 a construção de sua casa em São Bernardo do Campo. Para a empreitada, não contou com a ajuda de ninguém

e se orgulhava do trabalho realizado. A casa tinha alguma semelhança com uma típica residência rural austríaca. Pintada de
rosa e branco, era simples, tal como a vida que Stangl e sua família levavam em São Paulo. O mobiliário era modesto, havia
poucos equipamentos eletrônicos (um aparelho de TV e dois de
rádio) e destacavam-se as prateleiras com muitos livros, inclusive em português, que as filhas de Stangl liam. Nessa pequena biblioteca havia desde um livro de Thomas Mann, o famoso escri-
tor alemão que havia denunciado o nazismo em 1936, até obras
sobre os campos de concentração que Stangl conhecia tão bem.

Foi então que Stangl ficou doente, o que obrigou Theresa a procurar emprego. Encontrou trabalho na Mercedes-Benz
como secretária, mas logo evoluiu para contabilista, coman-
dando uma equipe de dezenas de pessoas.

Enquanto isso, Stangl montou uma pequena fábrica de
produtos hospitalares em sua casa. A produção se desenvolveu, mas Stangl tinha grande dificuldade de vender sua mer-
cadoria para os hospitais – ele se irritava quando se negavam a
comprar. Foi então que Theresa assumiu a venda dos produtos
em seu tempo livre. Foi o bastante para acalmar o marido.

Em 1959, Stangl fechou a fábrica e foi trabalhar na Volkswagen,
num emprego arranjado pela mulher. Anos mais tarde, muito se
especulou se empresas alemãs como a Volkswagen e a Mercedes
deliberadamente facilitaram a vida dos nazistas que fugiram da
Europa, como Stangl e Adolf Eichmann, que também trabalhou
na montadora na Argentina. Essa possibilidade, no entanto, é
improvável: basta ver que tanto Stangl quanto Eichmann passaram dificuldades em seu exílio e arranjaram empregos modestos
na Volks.

Na montadora, Stangl desempenhava discretamente seu
trabalho, mas não deixava de notar que, segundo seus parâ-
metros arianos, muitos de seus companheiros teriam sido
condenados a morrer no programa de eutanásia do qual ele
participou na Áustria – Stangl os considerava "idiotas", como
desabafou algumas vezes à mulher, Theresa.

O dinheiro que o casal Stangl estava ganhando era bom o bastante para que Theresa namorasse a ideia de se mudar para a cidade de São Paulo. Ouvira falar que no bairro do Brooklin, na zona sul, moravam muitos alemães. Com a ajuda da Mercedes, a família comprou um terreno naquela região e logo começou a construir outra casa. Stangl não estava muito animado com a mudança, pois considerava a ideia de Theresa uma extravagância, mas não se opôs de fato. A família conseguiu se mudar para o Brooklin em 1965, depois de um grande esforço de Theresa para guardar dinheiro e pagar as dívidas contraídas para fazer a casa, na rua Frei Gaspar (hoje rua Gabriele D'Anunzzio).

Em resumo, as dificuldades da mudança para o Brasil pareciam superadas. A família finalmente poderia relaxar e esquecer o indizível trabalho exercido por Stangl nos campos de extermínio na Polônia. O fato de que Stangl pôde usar livremente seu nome verdadeiro durante todo o tempo em que esteve no Brasil, inclusive nos contratos de trabalho e no registro que fez no Consulado da Áustria em São Paulo, em 1954, certamente ajudou a família a entender que a vida havia recomeçado do zero e que o passado havia sido enterrado. Era um assunto proibido na casa – como se, ao não mencioná-los, os crimes de Stangl não tivessem sido realmente cometidos.

Mas o resto do mundo não entendia dessa forma. O nome de Stangl constava de uma lista de criminosos de guerra procurados pela Áustria desde 1961. Isso significa que o Consulado austríaco em São Paulo tinha informações suficientes para saber que aquele cidadão pacato morador do Brooklin havia comandado com eficiência os campos de Treblinka e Sobibor. Ademais, o nome de Stangl começou a frequentar o noticiário internacional, inclusive no Brasil, graças ao início do julgamento dos criminosos de Treblinka em Düsseldorf, na Alemanha Ocidental, em 1964. Naquele ano, Stangl ficou sabendo por um jornal austríaco que Simon Wiesenthal, o famoso caçador de nazistas, dizia estar em seu encalço e que haveria de encontrá-lo. É claro que o dramático anúncio de Wiesenthal fazia crer que Stangl estava escondido, mas isso, como já ficou claro, simplesmente não era verdade.

Stangl afinal foi preso na noite de 28 de fevereiro de 1967, em sua casa no Brooklin. Aparentemente resignado, disse aos policiais do Dops, a polícia política do governo militar brasileiro, que sabia que seria capturado a qualquer momento – afinal, como vimos, ele nunca escondeu de ninguém seu verdadeiro nome nem seu endereço. Na verdade, demonstrava certo alívio, pois temia que os agentes do Mossad ou algum judeu em missão de vingança o encontrassem antes da polícia paulista e o sequestrassem, a exemplo do que acontecera com Eichmann, num caso que Stangl acompanhou com grande atenção. Provavelmente imaginava que suas chances de se livrar da extradição e consequentemente de uma dura condenação seriam maiores se fosse submetido aos trâmites da Justiça brasileira, reconhecidamente lenta.

Em depoimento à polícia, madrugada adentro, ele admitiu todos os crimes que se lhe imputavam, mas sempre com a atenuante de que apenas cumpria ordens ou que não tinha nenhuma relação direta com os fatos. Chegou a declarar que "ouviu dizer" que 800 mil judeus haviam sido exterminados em Treblinka, o campo que tão zelosamente chefiara.

Aos jornalistas, Theresa Stangl disse não acreditar nas acusações contra o marido, repetindo que, para ela, Stangl não tinha alternativa senão fazer o que lhe fora determinado durante a guerra. Foi isso, aliás, o que Gustav Wagner – que havia sido subordinado de Stangl em Sobibor e também fugira para o Brasil – dissera a Theresa em São Paulo. Segundo Wagner, seu chefe, assim como ele próprio, não cometeu nenhum dos crimes que lhe eram atribuídos. Ademais, Stangl era, nas palavras de sua adorada mulher, um homem sereno, calmo, educado, cumpridor de suas obrigações e respeitador da lei.

O judeuzinho ingrato

Theresa Stangl orgulhava-se também de ter amigos judeus brasileiros – ela e o marido sustentaram até o final de seus dias que jamais foram antissemitas. Por essa razão, aliás, Stangl e sua família não se conformaram com o comportamento de um dos sobreviventes de Sobibor, o judeu polonês Stanislaw Szmajzner, que testemunhou contra o carrasco tanto no inquérito aberto no Brasil, após sua prisão, como no julgamento a que Stangl foi submetido em Düsseldorf, em 1970.

Szmajzner – que também emigrara para o Brasil depois da guerra e morou em Goiânia, onde constituiu família, tornou-se fazendeiro e se integrou ativamente à sociedade local – era um adolescente de 15 anos quando passou por Sobibor. Como ourives, foi "adotado" por Stangl e por Gustav Wagner, o subcomandante do campo, passando a fazer anéis para os guardas a partir do ouro extraído dos dentes e das joias das vítimas. Mais tarde, Szmajzner foi um dos líderes do famoso levante de prisioneiros de Sobibor, um dos poucos bem-sucedidos nos campos nazistas, um atrevimento que salvou a vida de cerca de 50 judeus. Sua memória e sua obstinação ajudaram as autoridades a encontrar Stangl e levá-lo a julgamento, em 1968. Dez anos mais tarde, o mesmo se deu com Gustav Wagner, reconhecido por Szmajzner em São Paulo.

Pois Stangl ficou decepcionado com Szmajzner porque, segundo sua visão, ele havia ajudado aquele frágil judeuzinho que, de outra forma, teria sido morto como quase todos os que puseram os pés em Sobibor. Stangl lhe trazia até mesmo comida – mas, como bom nazista, a suposta bondade vinha acompanhada de terrível crueldade: o item principal do farnel que Stangl oferecia a Szmajzner eram salsichas de carne de porco, um alimento proibido para judeus, especialmente um judeu como Szmajzner, que vinha de família ortodoxa. Para piorar, Stangl oferecia-lhe as salsichas às sextas-feiras, dia da semana sagrado para os judeus. Nas entrevistas que deu sobre Stangl e no julgamento do criminoso, Szmajzner não deixou de mencionar a maldade do seu "protetor".

Para Stangl, o caso das salsichas, como todo o resto, era irrelevante. Ele disse em diversas oportunidades que não tinha ideia do que as salsichas eram feitas e que gostava muito de Szmajzner, ao ponto de querer protegê-lo e alimentá-lo. Para Szmajzner, é possível que Stangl gostasse mesmo dele, mas pode-se especular que se tratava de uma relação equivalente à de um homem com seu bicho de estimação.

Seja como for, esse caso ilustra como poucos a tendência de Stangl a fantasiar sobre sua relação com os judeus – afinal, não se pode perder de vista, jamais, quem era o carrasco e quem era a vítima em Sobibor. Mas até o final de seus dias Stangl julgava não ter feito nada de errado e que até mesmo tinha sido bom com os judeus com os quais se relacionou, razão pela qual não entendia por que estava sendo julgado e por que os judeus o odiavam, a começar por Szmajzner.

Alheio às fantasias de Stangl, o Supremo Tribunal Federal decidiu pela extradição do carrasco porque considerou que o Judiciário alemão interrompeu a prescrição dos crimes cometidos por ele ao instaurar o processo em 1960 – portanto, menos de 20 anos depois dos fatos, ocorridos em sua maioria em 1943. Além disso, a Áustria o havia denunciado em 1948 pelos crimes cometidos no âmbito do programa de eutanásia, razão pela qual esse crime também não havia prescrito. A única exigência brasileira foi a conversão de eventual prisão perpétua em prisão temporária, já que não existia pena perpétua no Brasil, e que o julgamento fosse "imparcial". Stangl, no entanto, acabou sendo condenado à prisão perpétua, e não há notícia de que tenha havido algum protesto por parte das autoridades judiciárias brasileiras.

Em 22 de junho de 1967, com "lágrimas nos olhos", segundo o relato do jornal O Globo, Stangl deixou o quartel de Brasília em que ficou preso e foi encaminhado ao aeroporto da capital, de onde iniciou sua longa viagem para finalmente prestar contas à Justiça alemã por seus terríveis crimes. Até o final, no entanto, sustentou o discurso sobre a certeza de sua inocência: "Tenho confiança na Justiça alemã. Estou tranquilo porque nunca mandei matar ninguém. Minha função não me permitia dar tais ordens. Retornarei ao Brasil como homem livre."[8]

Stangl foi condenado em 22 de outubro de 1970 à prisão perpétua pelo Tribunal de Düsseldorf. Morreu pouco depois, em 28 de junho de 1971, aos 63 anos, na solidão de sua cela, dizendo-se injustiçado.

A COMOVENTE INOCÊNCIA DA "BESTA"

Assim como Franz Stangl, Gustav Wagner se dizia vítima, e não criminoso. Subalterno de Stangl, cujo apelido dado pelo punhado de homens que sobreviveram à sua fúria era a "Besta de Sobibor", Wagner teve uma trajetória muito semelhante à de seu comandante – militou no Partido Nazista da Áustria quando isso era passível de prisão, foi para a Alemanha e integrou-se à SS às vésperas da Segunda Guerra, participou do programa de eutanásia Aktion T4 e foi destacado para trabalhar no campo de Sobibor. Lá, era um dos responsáveis pela seleção dos que morreriam imediatamente e dos que seriam escravizados e trabalhariam até a morte.

Wagner já era famoso por sua imensa crueldade. Assim como Stangl, o subcomandante, além da violência cotidiana, torturava suas vítimas fazendo-as violar mandamentos religiosos. Em uma ocasião, mandou que alguns judeus de Sobibor comessem pão por ele fornecido – era Yom Kippur, a data mais sagrada do judaísmo, na qual os judeus devem ficar de jejum. Conta-se também que Wagner gabava-se de conseguir matar pai e filho com uma única bala – bastava juntar a cabeça das vítimas e atirar.

Apesar disso, como já vimos, ele se afeiçoou ao judeu adolescente Stanislaw Szmajzner, cujos pais a "Besta" havia matado pessoalmente a tiros. Para sobreviver, o garoto ofereceu seus préstimos de ourives, e Wagner e Stangl aceitaram, pois havia demanda por esse tipo de serviço por parte dos oficiais.

A relação entre eles obviamente não era simétrica e, portanto, não se pode falar de amizade. Szmajzner estava em busca de maneiras de sobreviver àquele inferno, enquanto a tarefa de

Wagner era ajudar a matar o maior número de judeus como seu jovem ourives de estimação. Nada disso impediu que Wagner, uma vez no Brasil, diante de Szmajzner, considerasse que este lhe devia alguma forma de gratidão e, assim como Stangl, dizia que não entendia o que havia feito de errado nem por que Szmajzner o havia denunciado.

Em maio de 1978, quando se entregou à polícia de São Paulo, Wagner disse que era apenas um sargento em Sobibor, um inocente carpinteiro envolvido com a construção de alojamentos para os oficiais. Disse também que não participou, em nenhum momento, do assassinato de judeus. Szmajzner, ao saber que Wagner estava preso, foi para São Paulo a fim de vê-lo com os próprios olhos, pois havia dúvida se aquele homenzarrão detido no Dops era mesmo a "Besta de Sobibor". Na acareação, Szmajzner chamou Wagner pelo nome que lhe era familiar em Sobibor – Gustl. Foi o bastante para que o preso se denunciasse.

"O senhor era o menino que fazia joias para mim. Não deveria fazer isso comigo porque eu lhe protegia", protestou Wagner. Quando Szmajzner disse que ele havia matado seus pais e era um criminoso de guerra, Wagner respondeu exatamente como Stangl provavelmente faria na mesma situação: "Precisa compreender as circunstâncias. Era uma guerra, eu tinha que cumprir ordens de hierarquia superior."[9]

Assim como Stangl, Wagner, que foi condenado à morte pelo tribunal de Nuremberg *in absentia*, fugiu para Damasco e de lá veio para o Brasil, desembarcando aqui em 1952 – usando documentos autênticos e seu nome verdadeiro. Casou-se duas vezes no país. Não teve filhos, mas adotou como enteada a filha de sua segunda mulher.

Segundo o caçador de nazistas Simon Wiesenthal, famoso não só por sua heroica persistência em encontrar nazistas mundo afora, mas também por exagerar ou simplesmente inventar detalhes a respeito desses carrascos, Wagner veio para São Paulo porque era ali que morava Theresa Stangl, com quem ele teria tentado um *affair*.[10] Seria improvável que Theresa, que, além de gostar muito do marido, tinha horror aos nazistas e considerava Wagner um sujeito vulgar, pudesse desenvolver qualquer espécie de laço emocional com o ex-subordinado de Stangl. Seja como for, quando a família de Stangl teve de voltar para São Bernardo em razão da perda de renda depois da prisão do carrasco, Theresa recebeu uma visita de Wagner. Ele queria dinheiro emprestado e sugeriu que os dois pudessem morar juntos – afinal, Stangl estava condenado a passar o resto de seus dias na cadeia. Theresa rejeitou a ideia com firmeza e os dois nunca mais se viram – ela só soube tempos depois que Wagner fora visto em São Bernardo vestindo-se e comportando-se como um mendigo.

"Era um velhinho simpático"

Wagner tornara-se caseiro em um sítio de Atibaia, onde era conhecido como "seu Gustavo". O sítio pertencia a Goswin Milz, um engenheiro alemão que se tornou também empresário. Assim como Wagner, Milz havia chegado ao país no início dos anos 1950. Ele veio para trabalhar na Petrobras, que seria fundada em 1953, mas construiu seu patrimônio a partir das demandas da nascente indústria automobilística, ao erguer empresas no ramo de autopeças.

Não é possível afirmar com certeza, a partir da documentação disponível, se a relação entre Wagner e Milz ia além de um mero contrato de trabalho. O que se sabe é que um parente de Milz, August, havia sido soldado do Exército nazista e aparece em uma foto de família com Wagner, em Atibaia. É plausível que o passado em comum fosse apenas uma coincidência, mas também é lícito especular que Wagner tenha tido uma estadia relativamente tranquila no Brasil talvez em razão dessa relação de camaradagem nazista com pelo menos um dos Milz.

Além disso, as terras onde se encontrava o sítio haviam pertencido à família da mulher de Wagner, Herna, e o carrasco já morava lá quando Goswin Milz as comprou. Herna morreu em 1969, e Wagner passou a viver quase recluso.

No sítio da família, Wagner era como se fosse da casa. Cuidava dos animais, fazia jardinagem e contava histórias para as filhas de Goswin – uma delas chegou a dizer que ele era "incapaz de matar uma mosca".[11] Ele era "um velhinho simpático que nunca fez mal a ninguém, ao menos que nós saibamos", disse Karin Milz, mulher de Goswin.[12]

A tranquilidade de Wagner no Brasil foi quebrada quando Simon Wiesenthal descobriu seu paradeiro. Há duas versões para os desdobramentos desse caso. A primeira delas foi dada pelo jornalista Mario Chimanovitch em entrevista à revista *Rolling Stone*. Ex-correspondente do *Jornal do Brasil* em Israel, o experiente Chimanovitch contou que Wiesenthal lhe telefonou de Viena para lhe dizer que tinha um "furo de reportagem": ele sabia que Wagner estava escondido no Brasil. Segundo o jornalista, ambos então bolaram um plano para fazer o carrasco aparecer: publicar no *Jornal do Brasil* que Wagner havia sido visto e fotografado numa festa de nazistas e simpatizantes para celebrar o aniversário de Hitler, realizada no Hotel Tyll, na cidade fluminense de Itatiaia, em 20 de abril de 1978. "A matéria foi feita e não deu outra: ele caiu direitinho", disse Chimanovitch.[13] Segundo essa versão, Wagner teria se apresentado à polícia para desmentir a informação de que era ele o carrasco de que tanto falavam.

Mas há outra versão, completamente diferente, para essa história. No livro *Nazi Hunter: The Wiesenthal File* (*Caçador de nazista: o arquivo de Wiesenthal*), o jornalista americano Alan Levy relata que Wiesenthal suspeitava da presença de Wagner no Brasil desde 1968. Dez anos depois, num voo de Nova York para Amsterdã, ele leu no jornal americano *Daily News* a notícia sobre a tal reunião de nazistas para celebrar o aniversário de Hitler no Hotel Tyll, em Itatiaia. Já em Amsterdã (e não em Viena), Wiesenthal telefonou para Chimanovitch, que ele havia conhecido em Israel, e perguntou se não havia fotos da festa. Dias depois, escreveu Levy, Chimanovitch telefonou para Wiesenthal em Viena e disse que não apenas tinha a foto do encontro, como a lista de convidados. O jornalista se propôs então a levar o material pessoalmente para Wiesenthal ver.

Wiesenthal suspeitava que Wagner estivesse na festa em Itatiaia, mas, ao ver a foto e a lista de convidados, percebeu que se equivocara. Mesmo assim, decidiu blefar: disse a Chimanovitch que um sujeito orelhudo na foto era Wagner. Foi o bastante para que o jornalista fizesse o escândalo que Wiesenthal esperava, segundo Levy.[14]

Seja como for, uma vez feita a denúncia, no *Jornal do Brasil* de 19 de maio de 1978, a repercussão foi imensa. A polícia foi ao hotel e informou ter conseguido identificar todos os integrantes da reunião. Nenhum deles era Wagner, tampouco o homem que aparecia na tal foto era o carrasco, mas isso não era importante. O escândalo gerado pela notícia foi suficiente para mobilizar a polícia brasileira numa caçada ao nazista que eletrizou o país. Acuado, Wagner então se entregou, em São Paulo, em 30 de maio.

Ele contou à polícia e aos jornalistas a mesma ladainha sobre sua mais completa inocência. Quando o viu na TV, no *Jornal Nacional*, Szmajzner, o ourives judeu "adotado" por Wagner e Stangl em Sobibor, quase teve um infarto. "Por trás daquela fala mansa e daquela aparência pacata está o maior monstro que se pode imaginar", disse Szmajzner ao jornal *O Globo*. "O meu dia chegou. Quero ficar frente a frente com Wagner. Quero ver o que ele diz. Quero rir na cara dele."[15]

Com a acareação, realizada perante dezenas de jornalistas e mostrada para quase todo o país pelo *Jornal Nacional*, a farsa acabou. Wagner ainda se considerou no direito de ameaçar Szmajzner: "Você vai pagar por isso."[16] Foi formalmente preso e levado a Brasília, onde estavam pendentes pedidos de extradição feitos pela Alemanha Ocidental, pela Áustria, pela Polônia e por Israel. Em 12 de junho, tentou se matar pela primeira vez – quebrou a lente de seus óculos e engoliu os cacos. No dia 23, atirou-se seguidas vezes contra as grades de sua cela, sofrendo fraturas no crânio. Em julho, foi internado no Hospital Psiquiátrico de Taguatinga, no Distrito Federal. Ficava frequentemente irascível e atirava o que tinha à mão nas pessoas que dele se aproximavam. Ele ainda tentaria se matar mais algumas vezes.

Em 20 junho de 1979, numa decisão bastante controversa, o Supremo Tribunal Federal negou todos os pedidos de extradição de Wagner. O argumento central é que os crimes pelos quais Wagner estava sendo acusado foram considerados prescritos pela lei brasileira e pela lei alemã. Ainda não havia, no direito brasileiro, a imprescritibilidade dos crimes contra a humanidade, conforme estabelecido pela ONU em 1970, valendo, portanto, o que dizia o "direito comum". Mas o Supremo nem entrou nesse mérito.

Para a mais alta corte brasileira, a documentação jurídica alemã sobre Wagner indicava que contra ele não havia sido aberto nenhum inquérito até 1963 – portanto, 20 anos após os crimes a ele atribuídos, o que configuraria prescrição segundo a legislação do Brasil e da Alemanha, cujo pedido de extradição foi o único a ser considerado pelo STF, depois que a Procuradoria-Geral da República solicitou o indeferimento dos pedidos dos demais países requerentes. A Alemanha alegou que outros corréus, acusados dos mesmos crimes de Wagner no mesmo caso – todos foram considerados parte dos chamados "comandos especiais da SS em Sobibor" –, já haviam sido condenados em 1950 pelo Tribunal de Düsseldorf, o que teria interrompido a prescrição inclusive para Wagner.

No entanto, o Supremo considerou que, de acordo com a legislação alemã, ao contrário da brasileira, a suspensão da prescrição do crime deve ser analisada para cada um dos corréus, separadamente. Ou seja: no entender do STF, a condenação dos cúmplices de Wagner não servia para interromper a prescrição dos crimes a ele atribuídos. Na página 65 do acórdão do STF está escrito que, "nos termos do Código Alemão, não houve, no período entre 14 de outubro de 1943, quando foi fechado o campo de Sobibor, até 1967 (*data do processo formal contra Wagner*), qualquer ato judicial capaz de interromper a prescrição". O relatório do ministro Cunha Peixoto foi aprovado por oito votos a dois.

O fato de que o Supremo Tribunal Federal brasileiro funcionava num regime ditatorial foi suficiente para que alguns autores considerassem que sua decisão tinha como motivação algum interesse do governo militar. O historiador alemão Daniel Stahl,

Gustav Wagner, apelidado de "A Besta de Sobibor", dá entrevista em São Paulo depois de ter se apresentado à polícia, em maio de 1978.

Solano de Freitas/Estadão Conteúdo

autor do livro *Nazi-Jagd: Südamerikas Ditakturen und die Ahndung von NS-Verbrechen* (*Caçada Nazista: ditaduras sul-americanas e a vingança dos crimes nazistas*), de 2013, sustenta que bastou apenas um erro de digitação na tradução da documentação encaminhada pelas autoridades judiciais alemãs ao Supremo para que a corte se decidisse pela prescrição dos crimes. O tradutor contratado pelo governo alemão escreveu que o regulamento das forças de ocupação da Alemanha que suspendeu a contagem do tempo de prescrição durante o governo nazista (1933-1945) era de "1974" – o certo, obviamente, era 1947. O erro foi mencionado por um dos ministros do STF, que acabou votando a favor da extradição, mas a conclusão final é que o deslize não comprometeu o veredicto a respeito da prescrição. Esse comportamento, segundo a tese de Stahl, comprovaria a má-fé dos ministros do Supremo, supostamente inclinados a defender os interesses da ditadura, que não queria ser pressionada a responder por seus crimes supostamente como consequência da repercussão de julgamentos como o de Wagner e outros nazistas.

Essa versão, contudo, não se sustenta. A decisão do Supremo sobre Wagner foi suficientemente fundamentada, malgrado o fato de que o ministro-relator tenha de fato reclamado da qualidade do material enviado pelos alemães. O acórdão cita toda a legislação brasileira e alemã referente ao caso, junto com a opinião de juristas de várias partes do mundo, para justificar a decisão tomada. As dezenas de páginas cheias de exemplos e de jurisprudência indicam que não se tratou de uma sentença arbitrária.

É preciso também lembrar que outro famoso caso de extradição de um comandante nazista, o do cordial Franz Stangl, teve um desfecho muito diferente. Como vimos, Stangl foi extraditado pelo Brasil porque, no seu caso, a prescrição havia sido de fato interrompida, pois seu processo fora iniciado logo em maio de 1960, dentro do prazo previsto em lei. A decisão final do Supremo sobre Stangl foi pronunciada em março de 1967, em plena ditadura. Assim, teses como a de Daniel Stahl aparentemente não têm cabimento, ao menos no caso de Wagner – afinal, seria necessário explicar qual era o interesse escuso e inconfessável do regime militar em manter Wagner no Brasil e, por outro lado, extraditar Stangl, submetido a um processo muito mais rumoroso que o de Wagner, dado o fato óbvio de que aquele era o comandante e este, um mero subordinado. A resposta é mais simples do que as teorias da conspiração podem sugerir: o Supremo – que mantinha, tanto quanto possível, uma postura de relativa independência do governo militar – provavelmente apenas seguiu o que diz a lei.

A partir dessa decisão, o carrasco nazista chegou a cogitar processar o governo alemão pelos supostos prejuízos e danos que sofrera durante aquele período desde a sua prisão, incluindo as internações depois de diversas tentativas de suicídio. O homem que havia ajudado a matar até 250 mil inocentes em Sobibor julgava-se vítima. Essa situação causou protestos mundo afora. Um grupo de 36 senadores americanos chegou a enviar uma carta ao governo brasileiro pedindo que a decisão judicial fosse revista.

Embora livre, Wagner ainda se manteve sob forte esquema de segurança, pois havia suspeitas de que, sem enfrentar as barras dos tribunais, o nazista acabaria encarando alguém disposto a fazer justiça com as próprias mãos – agentes israelenses ou sobreviventes do Holocausto eram os candidatos mais prováveis. Nesse período, estreou no Brasil a série *Holocausto*, lançada em 1978 nos Estados Unidos e que, pela primeira vez, dramatizava para a TV o tema do genocídio dos judeus da Europa, causando forte impacto na opinião pública ocidental. Não se sabe que efeito o programa teve sobre Wagner, mas é certo que, na mesma época, ele tornou a tentar se matar, desta vez com um canivete. Foi levado a um hospital na Lapa, mas, após um acesso de fúria, acabou transferido para o Hospital das Clínicas.

No início de janeiro de 1980, Wagner estava numa clínica geriátrica no bairro do Tucuruvi. Ainda muito atormentado, saltou pela janela de seu quarto para a rua e tentou se atirar sob um carro que passava.

Em 3 de outubro daquele ano, Wagner, aos 69 anos, finalmente conseguiu se matar, com uma facada no coração, num banheiro do sítio de Atibaia. Ele montou uma barricada na porta para não ser interrompido e usou uma faca para sacrificar porcos. Levou de 15 a 20 minutos para morrer, por asfixia, após ter perfurado um dos pulmões. Foi enterrado no cemitério da cidade, sem nenhuma cerimônia, sob os olhares de apenas duas pessoas – que, segundo os jornais, eram amigos que pagaram o sepultamento.

Num exercício de especulação, pode-se imaginar que, mesmo para um nazista tão convicto quanto Wagner, conviver em sua consciência com um assassino brutal, merecedor do epíteto "Besta de Sobibor", foi demais para ele. Mas, numa hipótese menos benevolente, e por isso mesmo provavelmente mais sólida, é lícito argumentar que o carrasco se matou para acabar com qualquer chance de vir a ser julgado na Alemanha e de ser condenado por um crime que, segundo sua convicção, não era de sua responsabilidade – e talvez para ele, no final das contas, o massacre daqueles "judeus miseráveis" nem sequer devesse ser considerado crime.

NOTAS

[1] Arendt, Hannah. *Origens do totalitarismo*. São Paulo: Companhia das Letras, 1989, p. 383.
[2] Idem, p. 392.
[3] Schwan, Gesine. *Politics and Guilty: The Destructive Power of Silence*. Lincoln: University of Nebraska Press, 2001, p. 73.
[4] Sereny, Gitta. *Into That Darkness*. New York: Random House, 1983, p. 164.
[5] Idem.
[6] Idem.
[7] Idem, p. 201.
[8] "Stangl começa a viagem de volta negando ter dado ordem de matar". *O Globo*, 23 jun. 1967, p. 8
[9] "Na acareação, a prova definitiva". *O Estado de S. Paulo*, 1 jul.1978, p. 20.
[10] "Carrasco de Treblinka vive no Sul do Brasil". *Jornal do Brasil*, 19 mai. 1978, p. 12.
[11] "A morte, depois de cinco tentativas". *O Estado de S. Paulo*, 1 jul. 1978, p. 20.
[12] "Wagner confessa que é o nazista de Sobibor". *O Globo*, 1 jun. 1978, p. 11.
[13] "Nazismo Tropical". *Rolling Stone*, edição 51, dezembro de 2010, sem página.
[14] Levy, Alan. *Nazi Hunter: The Wiesenthal File*. London: Constable & Robinson, 2006, cap. 31. No mesmo livro, Levy diz que Wagner morreu "enforcado", o que é um erro grosseiro – Wagner se matou a facadas, como foi amplamente noticiado na época. Tal deslize, se não compromete todo o resto do trabalho, mostra um descompromisso com detalhes que põe em dúvida a integridade das versões que o livro apresenta.
[15] "Testemunha de Sobibor diz reconhecer Wagner". *O Globo*, 31 mai. 1978, p. 9.
[16] "O reconhecimento". *O Globo*, 1 jun. 1978, p. 11.

ADOLF EICHMANN
o modesto burocrata do Holocausto

A ligação de Adolf Eichmann com a Argentina era tão forte que, quando ele estava para ser executado, em Israel, incluiu o país entre aqueles que estavam em seu coração. Eis suas últimas palavras antes que a corda em seu pescoço o asfixiasse: "Cavalheiros, logo voltaremos a nos reunir. Este é o destino de todos os homens. Vivi crendo em Deus e morro crendo em Deus. Apenas obedeci às leis da guerra e à minha bandeira. Longa vida à Alemanha! Longa vida à Áustria! Longa vida à Argentina! Esses são os países com os quais tive uma ligação mais estreita e não os posso esquecer neste momento."[1]

O episódio de Eichmann talvez seja o mais controverso entre todos aqueles envolvendo remanescentes do regime nazista, graças a seu espetacular sequestro em Buenos Aires, realizado pelo serviço secreto israelense em 11 de maio de 1960, e também em razão da análise que a pensadora alemã Hannah Arendt fez sobre ele e seu julgamento em Jerusalém.

No primeiro caso, discutiu-se muito a violação da soberania argentina por parte de Israel. A primeira reação do governo da Argentina foi de profunda irritação. Buenos Aires exigiu a devolução de Eichmann no prazo de uma semana e também cobrou de Israel que os agentes que participaram do sequestro fossem severamente punidos. É claro que o governo israelense não fez nem uma coisa nem outra – e ainda abusou da inteligência alheia ao dizer que "voluntários judeus" encontraram Eichmann na Argentina e lhe perguntaram "se estava disposto a ir para Israel a fim de ser julgado", e que o nazista aceitou assinar uma carta, escrita de próprio punho, na qual dizia que, por sua "própria vontade", queria se apresentar a um "tribunal competente" para ser julgado e "encontrar, por fim, minha tranquilidade interior". Israel informou também que, se os tais "voluntários" haviam violado as "leis argentinas", era o caso de apresentar "escusas", mas pediu que a Argentina levasse em conta "o significado extraordinário do fato de ser levado à barra do tribunal um homem responsável pela morte de milhões de judeus".[2]

Como Israel não reconheceu o sequestro – só viria a fazê-lo formalmente em 2005 –, a Argentina, aos poucos, foi desistindo de pressionar os israelenses. Ainda houve uma condenação de Israel no Conselho de Segurança da ONU, a pedido da Argentina, mas nada disso demoveu os israelenses, que, no máximo, aceitaram pedir desculpas pela ação dos tais "voluntários". Ao final, o governo argentino fez circular a informação de que sempre soube dos planos do serviço secreto israelense para capturar Eichmann e que decidiu não interferir – uma versão tão fantasiosa quanto a de Israel.

Já a controvérsia gerada pela abordagem de Hannah Arendt do julgamento de Eichmann em Israel persiste até hoje, e pro-

Adolf Eichmann durante seu julgamento
em Jerusalém, em 1961:
sem arrependimento.

United States Holocaust Memorial Museum, courtesy of Eli M. Rosenbaum

vavelmente continuará a basear acaloradas discussões sobre a natureza do nazismo, sobre a maldade intrínseca dos nazistas e sobre o problema da colaboração das lideranças judaicas no Holocausto.

Como se sabe, Arendt, a convite da revista *The New Yorker*, foi cobrir o julgamento de Eichmann em Jerusalém, na expectativa de ver de perto um dos principais artífices do massacre dos judeus europeus. Deparando-se com o carrasco na caixa de vidro blindada na sala do tribunal, a pensadora alemã viu ali não o monstro capaz de destruir, apenas com sua assinatura num formulário, a vida de milhões de pessoas; lá estava, disse Arendt, um homem medíocre, que não era especialmente antissemita e que se defendeu alegando que tudo o que fez estava entre suas atribuições de zeloso burocrata do Terceiro Reich. Foi o suficiente para que muitos judeus ao redor do mundo, sobretudo os de Israel, acusassem Arendt de desculpar Eichmann e de "banalizar o mal" – uma denúncia que distorceu a tese da filósofa segundo a qual o colapso moral promovido pelo nazismo transformou a terrível tarefa de assassinar milhões de pessoas numa rotina banal, realizada por homens comuns, como Eichmann.

Tudo isso é obviamente importante, mas há um terceiro aspecto do caso de Eichmann que é, em certo sentido, mais esclarecedor, se o propósito é compreender a indiferença de uma parte do mundo em relação aos crimes do nazismo – algo que, em muitos casos, beirou a cumplicidade. Embora tenha vivido na Argentina com um nome falso, Eichmann nunca foi questionado pelas autoridades do país ao longo dos dez anos que ali viveu, com sua pacata rotina de funcionário da Mercedes-Benz. Ele estava longe de ser um pária na Argentina, que Eichmann, em suas memórias, chamava de "terra prometida".[3] Tinha amigos que conheciam perfeitamente sua identidade, e a Argentina era um famoso refúgio de nazistas, alguns dos quais, como vimos, merecedores da proteção semioficial do governo. Não era o caso de Eichmann, ao menos até onde se sabe, mas sua história e a dos demais nazistas que ali viveram indicam que eles não tinham o que temer, pois não seriam – como não foram – incomodados.

Até que chegasse ao paraíso argentino, Eichmann empreendeu complexa fuga, que começou em 5 de maio de 1945 – dia em que, no campo de Theresienstadt, na cidade de Terezin, na então Tchecoslováquia, deixou de lado seu uniforme de oficial da ss e vestiu as roupas de um simples soldado, para se tornar um anônimo combatente alemão em meio a milhares de tantos outros em retirada no momento em que o Exército soviético avançava para conquistar o coração do império que Hitler havia construído.

Theresienstadt foi o símbolo do cinismo nazista. Era o campo usado para que observadores externos, como a Cruz Vermelha, pudessem atestar que os judeus eram "bem tratados" e que só estavam lá, em sistema de autogestão, para serem "protegidos" da fúria antissemita – uma encenação grotesca, assim como tudo o que os nazistas faziam para enganar suas vítimas e o mundo. Ali, havia conselhos judaicos, integrados por respeitáveis senhores cuja função era elaborar listas de quem deveria ser assassinado – sempre na presunção de que, ao fazerem isso, estariam preservando o resto dos judeus. Obviamente, a sobrevivência ali não dependia de nenhum fator racional – a única lógica dos campos era que não havia lógica nenhuma, e todos lutavam contra todos pela sobrevivência. Mas interessava aos chefes do campo e ao sistema de extermínio estimular a fantasia dos judeus a respeito de suas chances de escapar daquele inferno com vida.

Não é à toa que era Eichmann o responsável por "dialogar" com os líderes judeus em Theresienstadt e por criar essa atmosfera de surrealismo. Pois Eichmann garantia que aquele campo não era de concentração, mas um modelo de comunidade autônoma para os judeus. Se ele realmente acreditava nessa loucura, é difícil saber, mas o fato é que Eichmann nunca reconheceu o que havia feito como um crime, senão como um imperativo para a realização dos projetos de Hitler. As mentiras que ele contava e as que ajudou a perpetuar eram parte da própria essência desse pensamento, não sendo encaradas como um óbice moral – ao contrário, mentir era uma obrigação, de tal ordem que toda uma linguagem foi criada para esconder a grande empresa de eliminação dos judeus da Europa.

Até o último suspiro, Eichmann – que admirava os sionistas e não tinha particular ódio pelos judeus – acreditava que tinha apenas cumprido seu dever ao planejar a execução de milhões de judeus. Foi, aliás, o que ele escreveu, em sua última mensagem dois dias antes de ser enforcado em Israel: "Devemos distinguir os chefes responsáveis das pessoas como eu, que foram forçadas a servir como simples instrumentos entre suas mãos. Eu não era um chefe responsável, então não me sinto culpado."

UMA VIDA SEM ORDENS A CUMPRIR

Mas a guerra havia acabado, Hitler estava morto e era hora de fugir, pois já estava claro, em 1944, que a apocalíptica aventura hitlerista estava encerrada. Duas semanas antes de empreender sua grande escapada, Eichmann foi despedir-se de sua mulher, Veronica Liebl, e dos filhos, Klaus, Horst e Dieter, que estavam na aprazível Altausee, na Áustria, refúgio das famílias de vários hierarcas nazistas durante a guerra. Deu-lhe cápsulas de cianureto e pediu que ela e os filhos as tomassem caso estivessem para ser capturados pelos soviéticos. Já se os captores fossem americanos ou ingleses, a ordem é que não tomassem nada. Isso indica que os nazistas em geral, mas sobretudo seus líderes, não temiam ser capturados; seu medo era cair nas mãos dos soviéticos, que seguramente não teriam por eles a mesma consideração que os soldados e governos ocidentais. Eichmann só veria de novo a mulher e os filhos em 1952 quando estes chegaram a Buenos Aires.

Em 1945, Eichmann sabia que não tinha como ficar mais no mundo germânico, pois da louca fantasia construída pelo seu grande Líder haviam restado apenas ruínas. Era preciso procurar outro refúgio, um em que não corresse o risco de ser questionado por uma Justiça que não compreendesse que ele apenas havia cumprido seu "dever": "Meu amado Reich está em ruínas. Derrotado. À beira desse lago na Áustria, dou-me conta de que eu, o ss-Obersturmbannführer Adolf Eichmann, não sou mais do que um cervo caçado, não melhor do que um cervo na floresta que vejo à minha frente. Minha família pode ficar aqui, em segurança, em Altausee, num sítio de meu tio. Já eu não tenho outra escolha senão fugir."[4]

Eichmann havia planejado sua fuga em detalhes. Já em 1944 tratou de mandar destruir toda a documentação que ele mesmo reuniu, detalhista que era, pois temia que aquilo tudo pudesse ser usado para dimensionar a ação assassina do regime contra os judeus e outras minorias. Era impossível, no entanto, eliminar todos os traços gerados por esse portento burocrático, esse zeloso funcionário que dedicou cada hora de sua vida como integrante do Reich a preservar a memória do regime. Eichmann era, ele mesmo, essa memória, pois conhecia cada parafuso do mecanismo que resultou no Holocausto.

Ao deixar Terezin, já sem o uniforme da ss, trazia um documento em que assumia uma nova identidade, inventada por ele mesmo: Adolf Barth. Pensou em juntar-se a outros alemães na Áustria e travar uma guerra de guerrilha contra os invasores, mas logo desistiu. Ele não era um soldado, mas apenas um servidor. "A partir daquele momento, deveria viver uma vida difícil, sem chefes, sem receber ordens de ninguém, sem leis a obedecer. Em resumo: uma vida que eu desconhecia", escreveu Eichmann em seu diário.[5]

Três dias mais tarde, foi capturado por uma unidade militar americana, que o levou para o campo de prisioneiros de Deggendorf, na Baviera, onde já estavam milhares de soldados alemães. Para os americanos, essa massa de derrotados não despertava nenhum interesse. Eles estavam atrás mesmo era dos grandes criminosos de guerra, cujos nomes foram reunidos numa lista que o comando desse e de outros campos usava para tentar identificá-los em meio àquela balbúrdia.

É evidente que, com tal sistema, e dependendo sempre de intérpretes alemães que, quase certamente, poderiam ajudar os criminosos a escapar, os Aliados não tiveram grande sucesso na captura dos carrascos nazistas. Eles deveriam ser julgados conforme o que ficou decidido na cúpula de Teerã, em 1943 – os acusados que cometeram crimes em vários países seriam levados a um tribunal comum dos Aliados, que acabou sendo instalado na cidade alemã de Nuremberg. Eichmann, um dos principais artífices do Holocausto, enganou seus perseguidores mostrando seus documentos falsos.

Levado ao campo de Rosenheim, também na Baviera, acabou sendo reconhecido por um prisioneiro – um risco que era previsível, dada a sua notoriedade. O prisioneiro pediu-lhe cigarros em troca de silêncio. Eichmann não pretendia pagar para ver: fugiu do campo naquele mesmo dia.

Dois dias depois, foi novamente capturado pelos americanos e levado ao campo bávaro de Weiden in der Oberpfalz. Ali se tornou um dedicado funcionário – era sua verdadeira vocação, afinal –, limpando ruas e fazendo reparos. Mesmo assim, não conseguia ficar sossegado: os interrogatórios, que lhe pareciam cada vez mais incisivos, o deixaram apavorado. Assim, decidiu sair dali o mais rápido possível.

Fugiu com um ex-integrante da ss, Kurt Bauer. Com receio de ser capturado assim que entrasse em sua casa, na cidade de Prien-am-Chiemsee, Bauer decidiu que não seguiria para lá, e sim para Munique. Pediu que Eichmann avisasse sua irmã, Nelly, dando-lhe uma carta para entregar a ela. Apresentando-se como Otto Henninger, Eichmann contou a Nelly as peripécias da fuga que ele e o irmão dela empreenderam. Nelly rapidamente se afeiçoou a Eichmann, que acabou lhe contando sobre sua verdadeira identidade. Percebendo que ele queria fugir novamente, pois a cidade estava infestada de agentes do serviço de inteligência americano, tentou convencê-lo a se entregar para ser julgado pela Justiça alemã – na visão de Nelly, Eichmann pegaria apenas um par de anos de cadeia e, depois, ficaria livre pelo resto da vida.

Mas Eichmann sabia perfeitamente o que havia feito – orgulhava-se, aliás, como deixou claro mais tarde em seu julgamento em Jerusalém – e sabia que não tinha a menor chance de escapar de uma dura sentença no Tribunal de Nuremberg. Com Nelly, foi até Eversen-Heide, na Baixa Saxônia. Chegou lá em 20 de março de 1946, e, na prefeitura local, registrou-se como Otto Henniger, comerciante nascido em 19 de março de 1906 – sua verdadeira data de nascimento. Negou ser ou ter sido membro do Partido Nazista. Mentir era parte de sua vida e ele provavelmente não teve nenhuma dificuldade em convencer os outros sobre sua identidade inventada.

Em Eversen-Heide, conseguiu emprego como lenhador numa madeireira. Internado em um lugar remoto da Alemanha, sentia-se relativamente seguro – seus 11 colegas de trabalho, todos da SS, tinham entre si um pacto tácito de silêncio: não pergunte, não conte. Em razão disso, pode-se dizer que Eversen-Heide, que escondeu Eichmann, era uma representação, em escala reduzida, do que aconteceu na maior parte da Alemanha depois da guerra. A memória dos alemães sobre o que eles fizeram nos 12 anos anteriores, ao longo de um dos regimes mais assassinos da História, tornou-se subitamente falha, e o silêncio prevaleceu nas décadas seguintes, protegendo a arraia-miúda que participou dos inomináveis crimes nazistas e salvando a consciência dos que calaram diante do genocídio.

A madeireira que empregou Eichmann não resistiu à crise do pós-guerra e fechou. O arquiteto do Holocausto ficou outra vez sem trabalho. Alugou um quarto na casa de Anna Lindhorst, que perdera o marido na guerra. Pagava-lhe fazendo pequenos serviços de reparos domésticos e ajudou nos rendimentos da casa criando galinhas – como havia passado parte de sua vida medíocre fazendo pequenos trabalhos, como vender gasolina, sem ter especial aptidão para nada, Eichmann não tinha problemas em assumir tarefas cotidianas enfadonhas. Nesse período, tornou a encontrar-se regularmente com Nelly, que por ele havia se apaixonado. Eichmann lhe disse que era divorciado – mais uma mentira – e, assim, manteve a relação

extraconjugal sem que ninguém soubesse. Era muito discreto –
tanto que, sem gerar escândalo, teve relações com várias outras
mulheres na cidade, o que não era incomum em um mundo
subitamente privado de homens, mortos na guerra.

Pouco tempo depois, decidiu fugir de novo. Seu nome
havia sido mencionado diversas vezes por testemunhas e por
réus no Tribunal de Nuremberg, atribuindo-lhe papel decisivo no Holocausto. Já em 1945, um de seus colaboradores mais
próximos, o alemão Dieter Wisliceny, havia testemunhado em
Nuremberg que seu amigo Eichmann arquitetara a Solução
Final. Contou Wisliceny que, em meados de 1942, foi chamado a Berlim por Eichmann, que lhe falou da ordem de Hitler,
encaminhada por escrito pelo chefe da SS, Heinrich Himmler,
para assassinar todos os judeus da Europa. Segundo ele, o documento que Eichmann lhe mostrou dizia que "o Führer decidiu que a Solução Final da questão judaica deve começar imediatamente." E Wisliceny explicou: "Eichmann me contou que
as palavras 'Solução Final' significavam o extermínio biológico
da raça judaica." Quando expressou seu espanto diante de uma
ordem para matar milhões de pessoas, Eichmann lhe respondeu: "Não seja sentimental. É uma ordem do Führer."[6]

Haveria, portanto, consideráveis implicações para Eichmann
se ele fosse capturado – entre outras razões porque não tinha a
menor intenção de negar seus crimes e considerava particularmente odioso que os outros responsáveis pelo genocídio o fizessem, pois se tratava de cumprir um imperativo, uma ordem
emanada da única fonte legítima da lei, o ditador Adolf Hitler.
Eichmann, na verdade, como deixaria claro em seu julgamento
em Jerusalém, considerava a ordem de Hitler essencialmente
correta e acreditava que o impressionante número de judeus
mortos na operação que ele ajudou a sistematizar era a prova
de sua competência profissional. Ademais, a notícia de que alguns dos principais envolvidos no genocídio haviam sido
enforcados – como Ernst Kaltenbrunner, seu chefe na RSHA

(Reichsicherheithauptamt, ou Escritório Central de Segurança do Reich) – deixou-o compreensivelmente nervoso.

Precavido como sempre, Eichmann deu informações diferentes sobre seu destino a cada um de seus conhecidos – a Nelly, por exemplo, disse que iria se entregar aos soviéticos, para lhes prestar informações; já à viúva que o abrigou, informou que iria para a Noruega ou a Suécia. Entre 1948 e 1949, Eichmann desapareceu de Eversen-Heide, que certamente suspirou de saudade daquele galante criminoso.

Eichmann, assim como muitos outros, apostava que a crescente divergência entre o bloco comunista e o mundo ocidental em breve relegaria o Terceiro Reich ao esquecimento, entre outras razões porque os dois lados disputavam as atenções da Alemanha no pós-guerra – e, claro, a nenhum dos contendores interessava melindrar os alemães. A percepção de Eichmann estava essencialmente correta – não havia, ademais, disposição de examinar as razões que levaram o mundo a se calar diante do genocídio dos judeus. Mas é também fato que o Tribunal de Nuremberg foi sensacional o bastante para manter vivo o clamor por justiça ao menos contra aqueles grandes vilões – entre os quais o muito citado Eichmann. Assim, o carrasco não podia se dar ao luxo de pagar para ver.

Em 1949, finalmente Eichmann decidiu abandonar a Europa, com destino à Argentina. Ex-comandantes da SS como ele continuavam a ser capturados em várias partes do continente, apesar dos apelos por anistia feitos por ex-companheiros de armas e por diversos grupos de pressão na Alemanha. Se tivesse esperado até 1951, Eichmann poderia ter sido perdoado pela Lei de Clemência (*Clemency Act*), promulgada no setor americano da Alemanha ocupada. Esse ato unilateral dos Estados Unidos libertou a maioria dos cerca de 170 nazistas que estavam sob sua custódia e que foram condenados nos julgamentos subsequentes ao de Nuremberg. A medida fazia parte do desejo do governo alemão-ocidental e de vastos setores da sociedade do país de dar por encerrado o processo de desnazificação. A administração necessitava da *expertise* dos antigos burocratas do Terceiro Reich, mas essa não foi a única explicação, tampouco a principal. O maior argumento em favor dos condenados era o de que eles haviam lutado contra os comunistas e, por isso, não deveriam ser tratados como criminosos. Entre os perdoados, havia também vários industriais que haviam colaborado com Hitler e que o governo alemão pretendia ver livres para que pudessem retomar sua atividade econômica. Com isso, os Estados Unidos aplacaram os ultranacionalistas alemães e certamente ganharam a simpatia da Alemanha na Guerra Fria que começava a ser travada contra a União Soviética.

Como é possível imaginar, o concerto entre Alemanha e Estados Unidos que resultou na libertação de uma multidão de nazistas, muitos com participação direta no genocídio, não foi digerido pelos judeus. Alguns, como Simon Wiesenthal, sobrevivente do Holocausto, se prepararam para perseguir esses nazistas ao redor do mundo, para fazer a justiça que a conveniência política das grandes potências havia desestimulado. Esse foi um dos motivos pelos quais Eichmann decidiu fugir – os caçadores de nazistas jamais o deixariam em paz.

"MEU CORAÇÃO ESTAVA CHEIO DE ALEGRIA"

O nazista foi de trem para a Áustria, passando pela fronteira graças ao trabalho de uma organização, tocada pelo ex-ss Franz Rostel, que ajudava os clandestinos como Eichmann, providenciando-lhes falsas famílias para que eles tivessem justificativa para entrar no país, em troca de dinheiro. De lá, Eichmann foi para o norte da Itália, onde pretendia obter a documentação necessária para partir para a Argentina. Contava com a ajuda do bispo austríaco Alois Hudal, responsável pela congregação Santa Maria dell'Anima e que durante a guerra tinha livre trânsito entre os nazistas, graças a seu entusiasmo por Adolf Hitler. No pós-guerra, o bispo, conhecido em Roma como "Luigi", coordenou comitês de ajuda a refugiados, organizados sob a bênção do então cardeal Giovanni Montini, futuro papa Paulo VI, que permitiram a fuga de diversos criminosos de guerra nazistas.

Quem assinou o passaporte que Eichmann usou para viajar foi outro sacerdote, um padre franciscano húngaro chamado Edoardo Dömötter, sob instruções de Hudal. Enquanto Eichmann não podia viajar, Dömöter chegou a convidá-lo para uma missa, embora o nazista tenha renunciado à Igreja Católica em 1937. "Meu bom fariseu", brincou Eichmann, que ficou muito grato pela ajuda e pela acolhida cristã.

Em Merano, comuna italiana no extremo norte, Eichmann recebeu seus documentos com o nome de Riccardo Klement, que ele conservaria até ser capturado pelos israelenses, anos mais tarde – mas com apenas um "c" no Ricardo, como um bom argentino. Os papeis haviam sido emitidos em outra comuna, Termeno – mesma fonte dos documentos entregues ao médico Josef Mengele, o "Anjo da Morte" de Auschwitz, que também se refugiara na Argentina. Eichmann partiu para Gênova, de onde sairia o navio que o levaria para a Argentina. Lá, hospedou-se num hotel que era o ponto de partida da chamada Ratline.

A bordo do navio Giovanna C, Eichmann partiu para a Argentina em 28 de junho de 1950. Chegou 17 dias depois. Em retrospectiva, o nazista disse que se sentiu imediatamente em casa na Argentina, pois lá já viviam cerca de 250 mil alemães. "Meu coração estava cheio de alegria. O medo de que alguém pudesse me denunciar desapareceu. Eu estava lá, em segurança!", vibrou ele, que tratou de aprender espanhol pelo método alemão: decorando cem palavras por dia, todos os dias.

Sua alegria fazia sentido. Na Argentina ele tinha tudo para se sentir à vontade e logo foi integrado à numerosa comunidade de expatriados alemães, muitos dos quais antigos camaradas nazistas. Seu nome falso, Ricardo Klement, era só uma precaução, diante do fato de que, ali, Eichmann pouco tinha a temer.

"Klement" apresentou-se às autoridades argentinas como um comerciante de Bolzano, na fronteira entre Itália e Alemanha, solteiro e católico, sete anos mais moço que Eichmann. Seus documentos argentinos foram arranjados por Horst Carlos Fuldner, que foi recebê-lo no porto e, ademais, arranjou-lhe um apartamento na rua Florida.

Nascido em 1910 na Argentina, Fuldner atuara na ss, a tropa de elite nazista, onde alcançou a patente de capitão. Depois da guerra, retornou à Argentina, dando início a uma carreira fulminante. Tornou-se empresário, fundando a empresa Capri Fuldner, uma construtora de barragens e hidrelétricas que daria emprego a muitos nazistas expatriados, entre eles Eichmann. Trabalhou na inteligência do governo do caudilho Juan Domingo Perón e, sob sua orientação, organizou o ingresso desses alemães na Argentina.[7]

O primeiro trabalho de Eichmann, no entanto, não foi com Fuldner, e sim num pequena metalúrgica, cujo chefe era um engenheiro que havia trabalhado com Hans Kammler, dirigente do departamento de engenharia civil da ss e responsável pela construção de campos de extermínio.

Eichmann não ficou muito tempo nesse emprego. Ele logo foi informado de que a empresa de Fuldner participaria da construção de uma hidrelétrica e precisava de um gerente – função que o nazista considerou sob medida. Em suas memórias, Eichmann sugere que, na Argentina, atuava uma "organização" que ajudava nazistas como ele a conseguir trabalho e boa vida – e fora esse grupo que havia conseguido o emprego naquele empreendimento.

A tal "organização", ao que tudo indica, era liderada por Hans-Ulrich Rudel, o mais condecorado militar da Alemanha nazista, que estava na Argentina desde 1948 e tornou-se amigo de Perón. Ele se juntou a Konstantin von Neurath, filho, com o mesmo nome do ex-ministro das Relações Exteriores de Hitler até 1938.Von Neurath pai fora condenado em Nuremberg a 15 anos de prisão por crimes de guerra. O filho tornou-se diretor da Siemens na Argentina e, graças a seus bons contatos, pôde ajudar muitos nazistas. O grupo que eles criaram chamava-se Kameradenwerk.

Esse grupo se juntou a outro, liderado pelo argentino de ascendência alemã Eberhard Ludwig Cäsar Fritsch, um nazista convicto (chegou a fundar uma Juventude Hitlerista Argentina) e dono de uma editora chamada Dürer Verlag – na verdade uma fachada para a entidade que atuava em favor dos remanescentes do Terceiro Reich que quisessem se instalar na Argentina e também ajudava os nazistas que haviam ficado na Alemanha.

Na Dürer encontraram emprego pessoas do nível de um Hans Hefelmann, um dos principais responsáveis pelo programa de eutanásia de Hitler e que chefiou o grupo que determinava quem deveria ser executado por ser doente mental. Como já vimos, a editora Dürer chegou a publicar uma revista para nazistas nostálgicos, a *Der Weg* (O Caminho), cujos artigos flertavam com a formação de um Quarto Reich – distribuída por meio de uma sofisticada rede clandestina, bem ao estilo nazista, que circulava não só na Argentina, como na Alemanha e até na África do Sul.

Já a empresa que faria a hidrelétrica, embora tenha de fato contribuído para o desenvolvimento argentino em diversas frentes, serviu igualmente apenas como uma fachada, patrocinada pelo caudilho Perón, para auxiliar os expatriados nazistas. Não havia nenhuma expectativa de que esses ex-funcionários de Hitler pudessem ter qualquer utilidade na construção de uma hidrelétrica, pois a maioria era formada por burocratas, mas todos sabiam que a tal empresa servia apenas para dar alguma ocupação a esses imigrantes alemães, vindos de um regime pelo qual Perón tinha tanta admiração.

Com isso, mesmo considerando-se que qualquer imigrante geralmente enfrenta dificuldades diversas para se adaptar a um novo país, a Argentina nunca foi terreno hostil para os nazistas que lá escolheram viver. Muito pelo contrário: eles se sentiram logo em casa, formaram um grupo coeso e solidário, mantiveram relações fraternas com gente do governo e puderam viver uma vida relativamente sossegada. As cervejarias espalhadas por Buenos Aires, que em alguns casos lembravam as de Munique, onde os nazistas costumavam beber e falar do futuro glorioso do Terceiro Reich, serviam como ponto de encontro para esses expatriados – que aproveitavam as datas importantes, como o aniversário de Hitler, para se reunirem e cantarem, a plenos pulmões, o hino nazista *Horst Wessel Lied*, e, claro, o hino alemão, *Deutschland Über Alles*.

Além de poderem se divertir, os nazistas formaram na Argentina uma extensa sociedade, que criou mecanismos de comunicação com parentes deixados na Europa, além de um sistema previdenciário, de um serviço para conseguir documentos argentinos e de um meio de movimentar dinheiro sem passar pelo sistema bancário.

Eichmann, como muitos, foi trabalhar em Tucumán – que, tanto pela temperatura amena quanto pela paisagem montanhosa, deve ter-lhe lembrado a Áustria, embora sem o conforto que ele tinha lá. A vida simples era compensada com os longos passeios a cavalo que ele fazia.

Quando tinha de ir a Buenos Aires a trabalho, e isso acontecia com frequência, Eichmann usava um escritório vizinho ao de Hans Fischböck, outro ex-SS, responsável pela pilhagem de bens judeus na Áustria. Outros tantos antigos dirigentes nazistas podiam ser encontrados aqui e ali, inclusive Ludolf von Alvensleben, um dos principais assessores de Heinrich Himmler, o chefão da SS, e provavelmente o oficial nazista mais graduado a viver na Argentina – era general de divisão. Depois de ter fugido da Alemanha pela mesma rota usada por Eichmann, Alvensleben conseguiu cidadania argentina para si mesmo e para a sua família em 1952, livrando-se do risco de ser extraditado. A integração era tranquila, como mostra o caso de Karl Klingenfuss, que trabalhou no "departamento judaico" do Ministério das Relações Exteriores nazista e acabou se tornando presidente da Câmara de Comércio Alemanha-Argentina.

Entre eles, Eichmann usava sua verdadeira identidade – e seria ocioso tentar mentir para gente que o conhecia tão bem – e todos sabiam muito bem qual havia sido seu papel durante o Terceiro Reich. Tanto que procuravam Eichmann para saber detalhes do genocídio, que ele conhecia como poucos, e isso obviamente deixava feliz o zeloso burocrata, que queria notoriedade pelo "trabalho" que havia realizado na Europa.

Além da tranquilidade na Argentina, bastaram seis anos para que Eichmann, auxiliado pela organização dos nazistas expatriados, pudesse não só retomar o contato com sua família na Áustria, como também conseguir que ela obtivesse dinheiro e, assim, preparasse sua viagem para a Argentina. Toda precaução era necessária, porque Vera Eichmann, desde o final da guerra, estava sob estrita vigilância dos Aliados, dos caçadores de nazistas e da Justiça, de prontidão para encontrar qualquer sinal de que Eichmann estivesse vivo e pudesse ser encontrado. Em julho de 1952, Vera e os filhos de Eichmann desapareceram da Alemanha sem deixar rastro – mas chegaram à Argentina com vistos concedidos pela Embaixada argentina em Roma, sem a necessidade de usar nomes falsos.

Já naquele mês, porém, os serviços de inteligência dos Aliados na Europa foram informados de que Eichmann estava na Argentina sob o nome "Clemens" (com "C" em vez de "K") e seu endereço era conhecido pela editora Dürer. Apesar disso, nenhuma autoridade alemã ou aliada moveu um dedo para verificar se a dica tinha algum fundamento. Levou oito anos para que a informação produzisse algum resultado contra Eichmann – e não foram os alemães, mas os israelenses, que decidiram verificar se o carrasco estava na Argentina mesmo. Não é à toa que Eichmann se sentia seguro.

Deixando rastros

Vera Eichmann e os filhos chegaram à Argentina em 23 de julho de 1952, no momento em que o país estava em transe ante a agonia de Evita Perón, mulher do caudilho Perón e adorada como uma santa pelos argentinos – ela morreria três dias depois. A família de Eichmann foi recebida por uma comitiva, encarregada de evitar qualquer desconforto à família do nazista e empenhada em manter tudo em segredo. Ela e Eichmann, apresentado aos filhos como "tio Ricardo", logo puderam se reencontrar, sete anos após a separação.

Eichmann vivia sob pseudônimo, mas sua mulher e seus filhos não. Isso deveria bastar para chamar a atenção das autoridades, se estas – na Argentina ou na Europa – quisessem realmente incomodar o chefão nazista. Ao contrário: conforme ele relata em suas memórias, Eichmann e os demais nazistas tiveram acesso a Perón e eram tratados com deferência pelo governo argentino.

Quando a firma que o empregava começou a passar por dificuldades, Eichmann se mudou com a família para Buenos Aires, em julho de 1953. Suas condições pioraram junto com o quadro econômico argentino, que sofreu com a retração mundial das *commodities* em razão da Guerra da Coreia. Agora sem ajuda direta de seu benfeitor Carlos Fuldner, Eichmann tentou abrir uma lavanderia, mas os chineses dominavam esse setor. Suas outras iniciativas na época fracassaram, e ele só conseguiu se manter graças à rede de proteção dos nazistas na Argentina, sendo obrigado a viver em regiões muito pobres do país. Mengele, que em 1957 chegou a acompanhar Eichmann à cervejaria Adam, ponto de encontro dos alemães desde a época da Segunda Guerra, ofereceu-lhe e à sua família seus serviços de médico, mas Eichmann declinou.

A rede de proteção arranjou para ele e para os outros alguns empregos que, se não pagavam tão bem como na época em que chegaram ao país, ao menos lhes garantiam uma vida de relativo conforto – o que era suficiente para alguém reconhecidamente modesto, que limpava as próprias botas e que, ao contrário de muitos hierarcas no Terceiro Reich, não aproveitou a corrupção desenfreada para enriquecer. Um desses empregos foi na fábrica de aquecedores e calefação Orbis. Eichmann trabalhou 16 meses naquele estabelecimento, que era muito popular e simbolizou o progresso argentino entre os anos 1930 e 1940.

Outro emprego de Eichmann, muito curioso, foi como gerente de uma criação de coelhos, iniciada em sociedade com outro alemão, Franz Pfeiffer, que também havia sido da SS – e que depois foi para o Chile e lá fundou um partido neonazista. Eichmann adorava os coelhos e tinha a pretensão de se tornar fazendeiro algum dia – durante a guerra, ele chegou a dizer aos companheiros nazistas que, depois da vitória, requisitaria um terreno na Boêmia, onde instalaria sua fazenda, um sonho tipicamente *völkisch*. Embora o salário fosse bom, Eichmann precisava ganhar mais, pois sua mulher, Vera, estava grávida do quarto filho – que nasceria em novembro de 1955. Na maternidade, as enfermeiras se referiam abertamente ao menino como "o bebê Eichmann". Assim, ele também tentou a sorte como vendedor de suco de frutas, na entrada do porto de Olivos, atividade que lhe rendeu alguns trocados para se manter.

Naquele ano de 1953, a informação de que Eichmann estava na Argentina – um segredo de polichinelo, como já está claro – chegou aos ouvidos do caçador de nazistas Simon Wiesenthal. Muito se especulou sobre quem poderia ter traído o nazista – seu filho Klaus acreditava que tinha sido Herbert Kuhlmann, que viera junto com ele para a Argentina –, mas o fato é que havia dezenas de pessoas que sabiam sobre Eichmann e que poderiam ter contado, aqui e ali, sobre ele, especialmente porque havia muito pouco sigilo sobre sua vida na Argentina. Ao contrário: os exilados nazistas na Argentina estavam muito à vontade não apenas a respeito de Eichmann, mas principalmente em relação a seu papel no futuro da Alemanha, organizando-se inclusive para influenciar a política do país no pós-guerra – e alguns pretendiam até mesmo reviver o Partido Nazista e abordar novamente a "Questão Judaica". Para isso, esses nazistas consumiam a ainda incipiente literatura do pós-guerra a respeito do Terceiro Reich, em busca dos argumentos que pretendiam rebater, por meio do negacionismo. Entre esses livros que Eichmann e seus colegas leram estava *Breviário do ódio*, de León Poliakov, e *A Solução Final*, de Gerald Reitlinger. Tais pesquisas dedicavam-se a reconstituir o grande massacre dos judeus, que Eichmann conhecia como ninguém.

A Alemanha Ocidental sabia de toda a movimentação nazista no exílio e é muito provável que soubesse também sobre Eichmann – que, embora vivesse sob a identidade do despretensioso Ricardo Klement, assinava fotos para seus amigos nazistas na Argentina com seu nome verdadeiro e sua posição na hierarquia do Terceiro Reich: ss-Obersturmbannführer (tenente-coronel). Além disso, o orgulhoso Eichmann não queria viver muito tempo no anonimato. Chegou a escrever uma "carta aberta" ao chanceler da Alemanha Ocidental, Konrad Adenauer, na qual pretendia explicar que o nazismo não foi a monstruosidade que todos pintavam e que era necessário defender a Alemanha contra os interesses dos ocupantes no pós-guerra. Não publicou a carta, mas preservou o rascunho, que chegou aos historiadores do nazismo.

Assim, não surpreende que a informação sobre ele tenha chegado a Wiesenthal e outros. Mesmo assim, naquela época, espalharam-se rumores de que o nazista estivesse no Oriente Médio, e as evidências levantadas por Wiesenthal foram ignoradas mesmo pelos serviços de inteligência ocidentais, como a CIA. Pode-se concluir que, naquela época, não havia interesse em trazer Eichmann para um tribunal e, assim, correr o risco de expor a Alemanha, aliada preferencial do Ocidente na Guerra Fria. Em 1952, Adenauer declarou ao Bundestag (Parlamento): "Em minha opinião, deveríamos parar de tentar encontrar nazistas, porque é o tipo da coisa que você sabe como começa, mas não sabe como termina."[8] Era uma referência óbvia à necessidade de contar com a colaboração de funcionários do regime nazista e também ao fato de que, se todos os que colaboraram com o nazismo fossem capturados, não haveria prisões em número suficiente para tanta demanda. A Alemanha e seus aliados seguiram essa opinião ao pé da letra nos anos seguintes.

Por seu lado, os nazistas estabelecidos na Argentina, confortáveis, começavam a articular uma ação política para in-

fluenciar os destinos da Alemanha, e isso certamente inclui-
ria construir a narrativa com a qual esses alemães pretendiam
mais uma vez ludibriar o mundo sobre a extensão dos crimes
de Hitler e justificar as ações do Terceiro Reich. Para que essa
estratégia funcionasse, era crucial obter de Eichmann, o mais
graduado envolvido na Solução Final ainda vivo e livre, o testemunho de que nada do que se dizia sobre o Holocausto era
verdadeiro, quer em termos de método, quer em termos de nú-
meros. E Eichmann também queria falar.

"Os outros falaram, agora eu quero falar!"

O interesse mútuo foi atendido em 1952, quando se acredita
que Eichmann conheceu Willem Sassen. Jornalista holandês, Sassen juntou-se à ss depois que a Holanda foi ocupada pela Alemanha, em 1941. Teve profícua carreira entre os nazistas, atuando
na frente oriental e cobrindo a invasão aliada da Normandia. No
final da guerra, participou de grupos que se dedicavam a sabotar
os Aliados. Foi capturado, mas conseguiu fugir, primeiro para a
Holanda, depois para a Argentina, aonde chegou em 1947. Embora condenado na Holanda, jamais foi incomodado pelas autoridades da Argentina ou da Alemanha – ao contrário, trabalhou até
mesmo como correspondente para revistas alemãs, como a *Stern*.

Enquanto Sassen e seus companheiros queriam que Eichmann sustentasse que o Holocausto nunca existiu e que, na verdade, todas essas histórias não passavam de invenções dos judeus
para denegrir os alemães, Eichmann queria ver-se retratado em
livro para salvar sua fantasia pessoal para a posteridade. Como
Sassen havia trabalhado nas biografias de Hans-Ulrich Rudel e de
outro ás da aviação nazista, Adolf Galland, que também se exilara
na Argentina, parecia mesmo ser a parceria perfeita. O próprio
Eichmann produziu centenas de páginas do que pretendia ser seu
relato sobre tudo o que passou.

O título era apropriado para um nazista, cuja estratégia era
sempre parecer a vítima, e não o carrasco: "Os outros falaram,

agora eu quero falar!" (*Die anderen sprachen, jetzt will ich sprechen!*).
Com isso, ele pretendia livrar-se das acusações que se acumulavam contra ele – sob o argumento de que, numa guerra, todos eram igualmente "culpados" de algo e ele havia feito o que qualquer outro em seu lugar teria também de fazer, porque o "inimigo", isto é, os judeus, aniquilariam os alemães se tivessem a oportunidade. Assim, ele esperava poder voltar à Alemanha e ter uma vida normal, como vários de seus ex-companheiros de ss. Desde 1952, Eichmann nutria o desejo de ser julgado na Alemanha, onde acreditava que naturalmente teria a compreensão de seus conterrâneos, pois afinal não poderia ser condenado por apenas ter cumprido sua dolorosa obrigação.

Durante vários meses, Eichmann foi à casa de Sassen e, com um gravador ligado, deu seu depoimento e respondeu a perguntas sobre o Terceiro Reich. Dezenas de pessoas participaram daquelas conversas e, obviamente, sabiam que aquele era Eichmann, pois ali, naquelas circunstâncias, ele não tinha nenhuma razão para usar seu pseudônimo. O maior criminoso de guerra nazista ainda à solta não escondeu seu verdadeiro nome.

Nas entrevistas, que, segundo Sassen, serviriam para escrever um livro sobre Eichmann, o carrasco não manifestou nenhum arrependimento. Ao contrário: chegou a declarar que o grande erro da Alemanha foi não ter dado cabo de todos os judeus quando teve a oportunidade – e é por isso, declarou, que "ainda há um monte de judeus gozando a vida hoje que deveriam ter sido gaseados".[9] Assim, foi graças a Sassen que o mundo pôde mergulhar tão a fundo na mentalidade de um nazista exemplar como Eichmann.[10]

Mas não era isso o que esperavam Sassen e seus companheiros. Eles queriam que Eichmann se colocasse no papel de vítima de uma imensa armação de forças internacionais e que corroborasse um famoso artigo intitulado "A Mentira dos Seis Milhões", publicado na revista *Der Weg*, editada pelos nazistas na Argentina. O texto, como o próprio título indica, dedicava-se a desmoralizar qualquer testemunho ou documento que comprovasse o genocídio dos judeus – e serve até hoje como uma espécie de guia dos negacionistas. E o artigo ainda dava Eichmann como morto em Linz, junto com toda a sua família, num suicídio coletivo – uma estratégia para dar tranquilidade ao arquiteto do Holocausto.

Enquanto isso, na mesma época em que esse artigo foi publicado, a Embaixada da Alemanha em Buenos Aires renovou os passaportes de Klaus e Horst Eichmann, filhos do carrasco. Como eram menores de idade, quem assinou os documentos foi Veronika (Vera) Katharina Eichmann, mulher do carrasco e supostamente morta junto com o marido e os filhos. Sem que nenhum burocrata fizesse nenhuma pergunta, os passaportes foram concedidos – e Veronika ainda deu o endereço real da família: rua Chacabuco, número 4.261, Olivos.

Embora bizarro, esse comportamento da diplomacia alemã em relação a Eichmann não foi uma exceção. Dois meses antes, a Embaixada da Alemanha na Argentina renovou o passaporte de outro assassino nazista, Josef Schwammberger – comandante de vários campos de trabalho forçado na Polônia. Schwammberger usou seu nome verdadeiro no documento e viveu na Argentina até 1987, quando as autoridades locais finalmente o localizaram para mandá-lo à Alemanha, cumprindo um pedido de extradição expedido em 1973.

Um cego que viu tudo

Em 1955, Perón foi derrubado. Poderia ter sido o início de uma época em que os nazistas abrigados na Argentina deixariam de ter o conforto da cumplicidade do governo. Tal perspectiva evidentemente gerou incertezas entre os exilados, especialmente porque o novo governo, como costuma acontecer em rupturas dessa natureza, promoveu uma campanha contra a corrupção peronista – o que poderia incluir, obviamente, a ligação do caudilho com os nazistas. Um dos afetados foi o herói nazista Hans-Ulrich Rudel, cuja casa em Córdoba foi revirada pela polícia, já que se tratava de um amigo íntimo de Perón. Foram encontrados vários documentos sobre sua atividade política, inclusive sobre a tentativa de criar uma rede de movimentos nazifascistas ao redor do mundo. Rudel teve de se exilar no Paraguai para escapar da Justiça.

Outro acontecimento de impacto para os nazistas no exílio foi a reeleição, em 1957, de Konrad Adenauer para a Chancelaria alemã-ocidental. A extrema direita na Argentina e na Alemanha tinha esperança de impedir o triunfo de Adenauer, como parte de sua reentrada na política do país. Em abril daquele ano, sintomaticamente, o procurador-chefe de Frankfurt Arnold Butchal mandou prender Hermann Krumey, um dos auxiliares de Eichmann na Hungria, onde os nazistas cometeram atrocidades especialmente cruéis contra os judeus no final da guerra. Assim, era evidente que Eichmann havia entrado na mira das autoridades alemãs.

E a pista sobre o paradeiro de Eichmann não poderia ter surgido de maneira mais inesperada. Ela foi fornecida por Lothar Hermann, um socialista que ficou preso no campo de concentração de Dachau entre 1935 e 1936. Quando ele saiu do campo, cego de tanto apanhar da SS e da Gestapo, fugiu da Alemanha, indo viver em Buenos Aires. Anos mais tarde, a filha de Hermann, Sylvia, conheceu um rapaz por quem se interessou – era Klaus Eichmann, filho mais velho de Adolf Eichmann. Klaus foi várias vezes à casa da família de Sylvia, ocasiões em que lamentou que os judeus não tivessem sido todos exterminados e mencionou que o pai estivera na guerra. Quando a notícia do indiciamento de Eichmann em Frankfurt foi publicada, em 1957, Hermann desconfiou que aquele nazista fosse o pai de Klaus e alertou as autoridades judiciais alemãs.

A informação de Hermann foi parar nas mãos de Fritz Bauer, o promotor que havia sido responsável pelos julgamentos, na Alemanha, de alguns carrascos de Auschwitz. Bauer então mandou a Hermann uma descrição de Eichmann – mas não seria possível reconhecê-lo, pois, afinal, o denunciante era cego. Esse detalhe ajudou a desmoralizar a informação dada por Hermann, mas ele estava disposto a ir até o fim para entregar Eichmann. Ele e Sylvia conseguiram descobrir onde Eichmann morava e passaram a informação para Bauer – que, sabendo da ineficiência da Justiça alemã quando se tratava de processar os nazistas, encaminhou a dica para o Mossad. Mesmo o serviço secreto israelense não colocou muita fé naquela pista, especialmente porque Hermann era cego, mas tanto ele quanto Bauer eram teimosos e constrangeram os israelenses a investigar. Em 1960, três anos depois do primeiro alerta de Hermann sobre Eichmann, finalmente o Mossad tomou o caminho que levaria ao carrasco nazista.

Enquanto isso, Eichmann tentava manter seu modesto padrão de vida, mas sempre ligado, de alguma maneira, aos alemães que haviam feito fortuna na Argentina. Em março de 1959, ele deixou a Orbis e foi trabalhar na Mercedes-Benz, como técnico eletricista. Não era um emprego ruim – o salário era melhor do que na Orbis –, mas o deslocamento para chegar ao trabalho e voltar para casa consumia nada menos que quatro horas diárias, por cerca de 30 quilômetros, o que certamente causava desconforto mesmo para um homem acostumado à dureza da vida como Eichmann.

Por aquela época, o carrasco nazista comprou um terreno na rua Garibaldi, com 700 metros quadrados, onde pretendia construir uma casa. A rua Garibaldi é hoje muito conhecida dos turistas, graças às suas casas coloridas construídas com chapas de metal e madeira, mas em 1959 ainda era esparsamente habitada – tanto que o governo isentou de impostos aqueles que se dispunham a construir suas casas lá.

Eichmann acertou a compra do terreno no final de 1959, em suaves prestações, e começou a erguer sua casa – tomando o cuidado de construí-la sob uma elevação, para evitar as constantes enchentes. Praticamente não havia vizinhos – os mais próximos ficavam a mais de 50 metros de seu terreno e o sinal de vida urbana era o ponto de ônibus da linha 203, que Eichmann tomava para o trabalho e para voltar para casa. Embora o local fosse pobre, Eichmann estava ali realizando o sonho de todos os trabalhadores argentinos: tornar-se dono de sua casa. Com isso, o nazista pretendia estabelecer definitivamente seus laços com a Argentina.

O próprio Eichmann, com a ajuda de seus filhos e de amigos, construiu sua casa. Os colegas da Mercedes se prontificaram a trabalhar com ele, em troca de churrasco e vinho. Em fevereiro de 1960, deixou sua antiga casa em Chacabuco, colocou alguns móveis em uma pequena camionete e se mudou com a família para seu novo lar – que ainda não dispunha de água corrente, luz, gás e banheiros. A família Eichmann dependia dos amigos para praticamente tudo nos primeiros tempos na rua Garibaldi, mas o nazista foi em frente.

No dia 11 de maio daquele ano, Eichmann deixou a Mercedes às seis da tarde, como todos os demais operários. Havia um longo caminho até sua casa. Tomou o ônibus da linha 203, como sempre – mas naquele dia sua rotina seria brutalmente interrompida. A linha de ônibus, como de resto todo o cotidiano de Eichmann, nos mínimos detalhes, estava sendo vigiada de perto por uma equipe do Mossad, que pretendia capturá-lo e levá-lo a julgamento. A operação não encontrou nenhuma resistência, salvo por um grito de Eichmann quando foi detido. Ao contrário do que esperavam os israelenses, não havia nenhum aparato para proteger o fugitivo, nem da parte dos colegas nazistas, nem da parte do governo argentino.

Mesmo a previsível reação de repúdio da Argentina diante do sequestro de Eichmann em seu território não durou nem um ano. Em setembro de 1960, Argentina e Israel já haviam retomado as relações diplomáticas, menos de quatro meses depois da ruptura. Para o governo argentino, Eichmann, já então bastante conhecido mundo afora por seu terrível papel na guerra, realmente não valia o prejuízo de suas relações exteriores – e muito menos que o seu caso, uma vez esmiuçado, pudesse chamar a atenção para a notória proteção que a Argentina deu durante muitos anos a grandes criminosos de guerra nazistas. Assim, a captura de Eichmann foi suficiente para, de uma hora para outra, tirar muitos nazistas do inacreditável conforto de que gozavam em seu doce exílio sul-americano.

Quanto ao próprio Eichmann, ele apenas lamentou, em suas memórias, ter permitido que seu paradeiro fosse descoberto. "Eu me sentia tão tranquilo na Argentina, onde vivi por 11 anos em liberdade e segurança, que não percebi os sinais de perigo", escreveu ele.[11]

Ou seja: se tivesse tomado um pouco mais de cuidado, possivelmente teria permanecido com relativo conforto na Argentina pelo resto de seus dias, sem ser importunado. Era a prova de que muitos nazistas como Eichmann, embora tenham protagonizado crimes sem paralelo na História, dos quais jamais se arrependeram, puderam desfrutar da paz e da tranquilidade que seus milhões de vítimas inocentes – homens, mulheres e crianças – jamais tiveram.

NOTAS

[1] "Adolf Eichmann morreu ontem na forca pelo extermínio de seis milhões de judeus". *O Estado de S. Paulo*, 1 jul. 1962, p. 1.

[2] "Israel admite que Eichmann foi capturado na Argentina por 'voluntários' israelitas". *O Estado de S. Paulo*, 7 jun. 1960, p. 9

[3] Stangneth, Bettina. *Eichmann Before Jerusalem: The Unexamined Life of a Mass Murder.* New York: Borzoi Books, 2014, p. 3.

[4] Steinacher, Gerald. *Nazis on the Run: How Hitler's Henchmen Fled Justice.* Oxford: Oxford University Press, 2011, p. 21.

[5] Abós, Álvaro. *Eichmann en Argentina.* Buenos Aires: Edhasa, 2012, posição 122.

[6] Nazi Conspiracy and Aggression. USGPO, Washington, 1946, v. VIII, pp. 60-619.

[7] Fuldner morreu em 1992 em Palermo Chico, o bairro mais rico de Buenos Aires, em sua mansão, sem ter sofrido qualquer processo por suas atividades em favor dos nazistas.

[8] Frei, Norbert. *Adenauer's Germany and The Nazi Past: The Politics of Amnesty and Integration.* Nova York: Columbia University Press, p. 55.

[9] Stangneth, Bettina. Op cit., p. 264.

[10] Depois da captura de Eichmann pelos israelenses, Sassen vendeu uma parte de seu material para a revista *Life*, gerando considerável controvérsia, ao ponto de a defesa do nazista em Jerusalém quase desistir de seu caso diante do teor de suas declarações.

[11] Stangneth, Bettina. Op. cit., p. 345.

BIBLIOGRAFIA

ABÓS, Álvaro. *Eichmann en Argentina*. Buenos Aires: Edhasa, 2012.

ARENDT, Hannah. *Eichmann em Jerusalém*. São Paulo: Companhia das Letras, 1999.

_____. *Origens do totalitarismo*. São Paulo: Companhia das Letras, 1989.

BREITMAN, Richard; GODA, Norman J. W. *Hitler's Shadow:* Nazi War Criminals, U.S. Intelligence, and the Cold War. National Arquives and Records Administration, s.d.

CARNEIRO, Maria Luiza Tucci (org.). *O antissemitismo nas Américas*: memória e história. São Paulo: Edusp, 2007.

DAHLKE, Birgit; TATE, Dennis; WOODS, Roger (eds.). *German Life Writing in the Twentieth Century*. Rochester: Camden House, 2010.

EVANS, Richard J. *Rereading German History*: From Unification to Reunification – 1800-1996. New York: Routledge, 2015.

FEST, Joachim. "Albert Speer and the Immorality of the Technicians". *The Face of the Third Reich:* Portraits of the Nazi Leadership. New York: Pantheon Books, 1970, p. 300.

FINKIELKRAUT, Alain. *Remembering in Vain*: The Klaus Barbie Trial & Crimes Against Humanity. New York: Columbia University Press, 1992.

FREI, Norbert. *Adenauer's Germany and The Nazi Past:* The Politics of Amnesty and Integration. New York: Columbia University Press, 2002

GALADO, Norberto. *Perón*: Formación, Ascenso y Caída – volume 1, 1893-1955. Buenos Aires: Colihue, 2005.

GOÑI, Uki. *La Autentica Odessa*: Fuga Nazi a la Argentina. Buenos Aires: Uki Books, 2015.

HILBERG, Raul. *Destruction of the European Jews*. New Jersey: Holmes & Meier Publishers Publishers, 1985, p. 275.

JACOBSEN, Annie. *Operation Paperclip*: The Secret Intelligence Program that Brought Nazis Scientists to America. New York: Little, Brown and Company, 2014.

JASPERS, Karl. *The Question of German Guilt*. New York: Dial Press, 1947.

KERSHAW, Ian. *Hitler:* 1936-1945 – Nemesis. New York: W.W. Norton & Company, 2001.

KISSINGER, Henry. *Diplomacia*. Rio de Janeiro: Francisco Alves, 1999.

KITCHEN, Martin. *Speer* - Hitler's Architect. New Heaven: Yale University Press, 2015.

LEVY, Alan. *Nazi Hunter* - The Wiesenthal File. London: Constable & Robinson, 2006.

LEVY, Richard S. (Ed.) *Antisemitism:* A Historical Encyclopedia of Prejudice and Persecution. Volume 1. Santa Barbara: ABC-Clio, 2005.

LICHTBLAU, Eric. *The Nazis Next Door*: How America Became a Safe Haven for Hitler's Men. Boston: Mariner Books, 2015.

MCFARREN, Peter; IGLESIAS, Fabrique. *The Devils Agent* - Life, Times and Crimes of Nazi Klaus Barbie. Editado pelos autores, 2013.

MEINVIELLE, Julio. *El Judío en El Mistério de la História*. Buenos Aires: Editorial Gladius, 1940.

MESSENGER, David A.; PAEHLER, Katrin (eds.). *A Nazi Past*: Recasting German Identity in Postwar Europe. Lexington: University of Kentucky Press, 2015.

NEAVE, Airey. *Nuremberg*: a Personal Record of the Trial of the Major War Criminals in 1945-46. London: Holder and Stoughton, 1978.

NISSEN, Margret. *Sind Sie die Tochter Speer?* Munique: Deutsche Verlags-Anstalt, 2005.

POSNER, Gerald L.; WARE, John. *Mengele*: The Complete History. New York: Cooper Square Press, 2000.

ROGERS, Daniel E. *Restoring a German Career, 1945-1950*: The Ambiguity of Being Hans Globke. German Studies Review, v. 31, n. 2, maio, 2008.

SANFILIPPO, Matteo. *Los Papeles de Hudal como Fuente para la Historia de la Migración de Alemanes y Nazis después de la Segunda Guerra Mundial*. Estudios Migratorios Latino-americanos, 1999.

SCHWAN, Gesine. *Politics and Guilty*: The Destructive Power of Silence. Lincoln: University of Nebraska Press, 2001.

SERENY, Gitta. *Albert Speer:* sua luta com a verdade. Rio de Janeiro: Bertrand Brasil, 1998.

_____. *Into That Darkness*. New York: Random House, 1983.

_____. *O trauma alemão*: experiências e reflexões – 1938-2000. Rio de Janeiro: Bertrand Brasil, 2007.

SHIRER, William. *The Rise and Fall of the Third Reich*. Nova York: Simon & Shuster, 1990.

SMITH, Bradley F. *Reaching Judgment at Nuremberg*. Nova York: New American Library, 1977.

SPEER, Albert. *Inside the Third Reich*. New York: Simon & Schuster, 1981.

_____. *Spandau*: The Secret Diaries. Tóquio: Ishi Press, 2010.

STANGNETH, Bettina. *Eichmann Before Jerusalem*: The Unexamined Life of a Mass Murder. New York: Borzoi Books, 2014.

STEINACHER, Gerald. *Nazis on the Run:* How Hitler's Henchmen Fled Justice. Oxford: Oxford University Press, 2011.

STERN, Fritz. *Politics of Cultural Despair* - A Study in the Rise of the Germanic Ideology. Berkley: University of California Press, 1974.

WEISS, Sheila Faith. *Race Hygiene and National Efficiency:* The Eugenics of Wilhelm Schallmayer. Berkeley: University of California Press, 1987, pp. 106-7.

WILFORD, Hugh. *The Mighty Wurlitzer*: How the CIA Played America. Cambridge: Harvard University Press, 2001.

WYDEN, Peter. *The Hitler Virus*: The Insidious Legacy of Adolf Hitler. London: Kuperard, 2001.

FONTES DOCUMENTAIS

- Carta do presidente Truman ao general Eisenhower sobre o tratamento dos refugiados judeus na zona de ocupação americana. United States Holocaust Memorial Museum.
- Nazi Conspiracy and Aggression, v. VIII. USGPO, Washington, 1946.
- Tesmunho de Elizabeth Holtzman sobre o H.R. 4007 – "The Nazi War Crimes Disclosure Act" before the Subcommittee on Government Management Information and Technology of the House Committee on Government Reform and Oversight. Biblioteca do Congresso dos Estados Unidos, sem página.
- Trial of the Major War Criminals Before the International Military Tribunal – Nuremberg, 1948, v. 19, p. 216.
- Trial of the Major War Criminals Before the International Military Tribunal – Nuremberg, 1948, v. 22, pp. 405-7.
- Trial of the Major War Criminals Before the International Military Tribunal. Nuremberg, 14 de novembro de 1945 a 1 de outubro de 1946, v. 25, p. 18.
- U.S. Department of Justice. Criminal Division – Klaus Barbie and the United States Government – A Report to the Attorney General of the United States. August 1983. Submitted by: Allan A. Ryan, Jr.

JORNAIS E REVISTAS

- *Jewish Currents*
- *Jornal do Brasil*
- *O Estado de S. Paulo*
- *O Globo*
- *Rolling Stone* (edição brasileira)
- *Stern*
- *The Guardian*